CURACION EMOCIONAL

A

MAXIMA VELOCIDAD

El poder de EMDR

(DESENSIBILIZACIÓN Y REPROCESAMIENTO POR MEDIO DEL MOVIMIENTO OCULAR)

EMDR
Treinamento & Consultoria

2013

Curación emocional a máxima velocidad: el poder de EMDR
Título original: *Emotional Healing at Warp Speed – the Power of EMDR*

Title ID: 10: 0615734944
ISBN-13: 978-0615734941

Copyright © 2001 David Grand, Ph.D. (inglés)
Copyright © 2013 EMDR Treinamento e Consultoria, Ltda.
www.emdrbrasil.com.br
E-mail: info@emdrbrasil.com.br

EMDR
Treinamento & Consultoria

Capa: Joelton de Oliveira de Souza
Traducción: Nora Sorçaburu
Revisión: Cristina Blüthgen
Producción editorial: Esly Regina Carvalho, Ph.D.

Grand, David
    Curación emocional a máxima velocidad: el poder del EMDR desensibilización y reprocesamiento por medio de movimientos oculares (David Grand. EMDR Treinamento e Consultoria Ltda. 2013. 214p.
1. Psicoterapia 2. Trauma psíquico. I. Título

Para Nina y Jonathan

- centro de mi universo

Índice

Prefacio

En el mundo de la psicoterapia, marcado por cambios lentos, el EMDR dispara como un cometa en el universo de resultados psicoterapéuticos.

En este libro, David Grand comparte su experiencia personal y profesional. Inicia su trayectoria marcada por cierto escepticismo frente a la propuesta revolucionaria del EMDR. Ante los cambios contundentes que encuentra en la implementación del EMDR, descubre un acercamiento con el potencial de cambiar la vida de muchas personas.

De forma clara, transparente y compasiva, David nos trasmite sus experiencias y su conocimiento. Navegamos en el mundo del EMDR a máxima velocidad junto con él, un mundo que presenta, cada vez más, pruebas de su seriedad científica y sus resultados concretos.

David nos relata cómo entró en contacto con una forma de tratar los traumas tan rara en relación a los acercamientos ortodoxos, pero muy eficaz en las manos de terapeutas experimentadas. Personas profundamente traumatizadas empezaron a recuperar su capacidad de reaccionar a la vida, con nuevas opciones de conducta y una nueva postura. Los sobrevivientes de los ataques terroristas del 11 de septiembre en Nueva York tuvieron la oportunidad de recibir ayuda a través de sus esfuerzos humanitarios. Actores y actrices se beneficiaron del nuevo método para desarrollar el potencial creativo dentro de cada uno. Y con a su forma simple y conmovedora, David nos comparte como EMDR ayudó a los miembros de su propia familia.

En un libro de fácil lectura, David Grand traduce a la comprensión popular conceptos complejos y experiencias inéditas en el mundo de la psicoterapia. Es un honor invitar al lector a viajar junto con el autor en el universo de la curación emocional a máxima velocidad.

Esly Regina Carvalho, Ph.D.
Trainer of Trainers, EMDR Institute/EMDR IBA
EMDR Treinamento e Consultoria, Ltda.

Agradecimientos

Este libro no existiría sin EMDR y no habría EMDR sin Francine Shapiro. Ha sido mi mentora en promover la actividad humanitaria y la sanación a nivel internacional. Mi agradecimiento especial a mi querida amiga María Elena Adúriz por su determinación, sabiduría y amor, que han ayudado a que este libro aparezca en español. Y a Katy Knopfler, cuya mente y corazón tan especiales han sido un sostén para mí y para esta traducción.

Mi profunda gratitud a Nora Sorcaburu, mi traductora y mi voz en español que escucharán mientras leen este libro. Gracias a Cristina Blüthgen por realizar la primera revisión de la traducción.

Una mención especial a mi asistente y amiga de muchos años, Laurie Delaney, por ser no solamente mi mano derecha, sino la izquierda también. Gracias a mi amigo y profesor de neurobiología, Uri Bergmann, que me ha abierto las puertas de la mente para que yo las pueda atravesar.

Mi sentido agradecimiento a la familia EMDR argentina, que me ha recibido con su calidez y creatividad especiales. Y a los terapeutas EMDR de habla hispana, gracias por apoyarme y aceptarme con su singular cultura y aportes al mundo.

Y más que nada, quiero agradecer a mi familia; gracias a mi esposa Nina, mi compañera del alma y mi consejera de confianza; a mi hijo Jonathan, quien es también mi querido amigo; y a mi madre y a mi padre por darme la vida y su amor.

Capítulo 1: Mi introducción a EMDR

Fui sin grandes expectativas. Mi amigo Uri Bergmann, psicoterapeuta como yo pero más dado a experimentar (utilizaba hipnosis y manejo del dolor), había sabido de un nuevo método terapéutico llamado EMDR: Desensibilización y Reprocesamiento por medio del Movimiento Ocular. Estaba impresionado con los resultados que había logrado con el método, especialmente en un caso, y ahora deseaba aprender más. Me pidió acompañarlo a un fin de semana de entrenamiento del Parte 1, en el Hotel Loew de la Av. Lexington de Nueva York. Accedí, aunque con poco entusiasmo.

Fue en 1993: yo tenía cuarenta años. Mi vida estaba a punto de cambiar para siempre.

Había cerca de ochenta personas en un salón de conferencias (varios, según descubriría luego, venían del extranjero) mirando con cierto asombro a una mujer cuarentona llamada Francine Shapiro, de casi un metro ochenta de altura, impactante y dinámica, que hablaba con confianza y claridad de la nueva forma de psicoterapia que había desarrollado.

Confieso que no comprendí inmediatamente la mayor parte de lo que dijo. Sus ideas derivaban de la psicoterapia cognitiva-conductual (dicho de modo sencillo: lo que uno siente viene de lo que uno piensa), mientras que yo, formado como psicoanalista, creía en la influencia de las experiencias tempranas de la vida en la formación de la personalidad, el conflicto y el Yo. Su presentación era eminentemente técnica, plena de palabras y frases que yo sólo llegaría a integrar después; pero estaba impresionado por el ardor y la fluidez tanto de sus palabras como de sus movimientos. A lo largo del día, se la veía cómoda y segura enseñando su nuevo método.

Durante el corte para el almuerzo, recuerdo haberle comentado a Uri que no estaba impresionado ni dejaba de estarlo. Obviamente la mujer no era una excéntrica, y aunque me costaba imaginarme a mí mismo utilizando ese método con mis propios pacientes, no descalificaba el interés que él sentía.

–Quédate para la parte experiencial de esta tarde –me dijo, aunque no se me había ocurrido irme.

Luego del almuerzo, la Dra. Shapiro habló durante una hora más (ahora *sí* me estaba poniendo inquieto). Tomamos un descanso y finalmente se reordenaron las sillas, y con manuales, nos dividimos en grupos de tres: "paciente", "terapeuta" y "observador", para comenzar lo que se conoce como el *practicum*, la práctica clínica. Nos supervisaba un facilitador, alguien ya entrenado en la práctica de EMDR, para guiarnos y corregir nuestros errores.

Aunque se desaconseja realizar la práctica con un amigo, afortunadamente Uri y yo logramos mantenernos juntos, quizás anticipando la inclusión del tercer miembro del grupo, un hombre necesitado de considerable apoyo, tan nervioso que su lápiz temblaba visiblemente en sus manos. Uri y yo intercambiamos miradas, preocupados por cómo iba a desempeñarse.

Para comenzar, él iba a ser el terapeuta y, si bien habríamos de cambiar los roles luego de cuarenta y cinco minutos, en la primera ronda yo sería su paciente y Uri el observador. Enseguida se acercó el facilitador para darnos nuestras instrucciones iniciales; era un hombre de unos sesenta años del sur de California, con un estilo de enseñanza poco exigente. Yo me sentía perturbado: *Vaya suerte* –pensé–, *un terapeuta vulnerable y un facilitador "laissez-faire"*. Además, el salón era ruidoso y las sillas incómodas. No era exactamente un entorno ideal o una atmósfera conducente a un aprendizaje óptimo. Y también la prueba de que no elegimos el ámbito de nuestras epifanías.

El primer paso en la terapia con EMDR es hacer que el terapeuta guíe al paciente a seleccionar un "blanco" (target): algún aspecto preocupante del pasado o del presente que el paciente desee volver a trabajar. Un evento traumático, como un accidente grave o la muerte de un ser querido, es un blanco; también lo es algo ostensiblemente menos dramático, como un recuerdo perturbador o un sueño recurrente, que se haya mantenido en nuestras mentes por muchos años.

El blanco inicial que elegí se conoce en términos psicoanalíticos como recuerdo pantalla: algo que en y por sí mismo no parece particularmente importante pero que, como un sueño, esconde material subyacente más profundo y más significativo.

En este recuerdo yo debo tener cuatro o cinco años. Es de tarde. Mi madre está en el hospital, aunque no sé por qué, y estoy bajo el cuidado no de la Sra. Kenneth, mi niñera habitual, una señora mayor y dulce a quien he llegado a querer y en quien confío. Tampoco de mi abuela, a quien quiero, sino de una señora desconocida que viste un uniforme blanco, con anteojos de arlequín también blancos y una expresión hostil y desaprobadora. El césped detrás de nuestro edificio de tres pisos, en Fresh Meadows, Queens, Nueva York, tiene una suave pendiente hacia arriba. Ella está parada en lo alto de la pendiente y yo estoy abajo, pidiendo inocentemente ir a jugar a un parque cercano. La mujer desconocida no sólo es hostil a mi pedido, sino que de alguna manera me hace sentir que estoy portándome "mal" por sentirme tan solo. Le tengo miedo; estoy vulnerable y confundido. Deseo que mi madre estuviese en casa.

El recuerdo había permanecido notablemente vívido en sus detalles, y lo describí sin titubeos. Uri me miró con su típica mirada de analista; mientras tanto, el desconcertado terapeuta miraba el manual, tratando de revisar las instrucciones.

– ¿Cuál es la creencia negativa sobre usted que viene con el recuerdo? – leyó mecánicamente en voz alta.

Como explicaré más en detalle en el capítulo 2, *cognición* o *creencia negativa* se refiere a un pensamiento irracional ("No sirvo para nada" o "Soy tonto") más que a uno basado en la realidad ("Eso está en el pasado y ahora estoy seguro").

–Es mi culpa – contesté.

Una vez confeccionado el protocolo (veremos sus detalles en el capítulo 2), el terapeuta comenzó por olvidarse de las características más obvias del proceso.

– ¿No se supone que debe utilizar movimientos de las manos? –le preguntó Uri–. ¿No se supone que el paciente debe seguir esos movimientos con los ojos?

Sí. El terapeuta se había olvidado. El facilitador entonces nos demostró la técnica correcta. Entre los dos, Uri y yo realizamos los movimientos de mano; Uri tuvo que explicarle pacientemente al terapeuta cuáles debían ser sus próximos pasos y darle ánimo para continuar. Pero cualquiera haya sido el blanco elegido, ya había desaparecido. Recuerdo que me sentía frustrado, disgustado, resentido y molesto.

Comenzamos nuevamente. Una vez más convoqué el recuerdo blanco, pero esta vez siguiendo los movimientos de mano del terapeuta con mis ojos. Izquierda, derecha... izquierda, derecha... izquierda, derecha... De repente, ¡*bang*!, una sensación apareció de la nada.

¡Sentí algo envolviéndome el cuello! El apretón se cerraba y yo jadeaba tratando de respirar. ¡Me estaba ahogando!

Aunque estaba sentado erguido en la silla, literalmente sentí mi espalda aplastada contra una pared. La adrenalina bombeaba a través de mi sistema y mi pecho palpitaba, respirando jadeante como si hubiese corrido millas.

–Las fosas de tu nariz estaban dilatadas como las de un caballo de carrera –me comentó Uri más tarde.

Excepto por el terror, todo era confusión. ¿Qué o quién me estaba estrangulando? ¿Era un recuerdo de mi nacimiento, cuando el cordón umbilical casi me estranguló? De repente, vi una cara borrosa, con ojos inexpresivos. ¿Era mi hermana o mi vecino bravucón con las manos alrededor de mi cuello? ¡Sentí como estar enfrentando la muerte!

La escena era tan vívida como un flashback en una película; tanto las imágenes como las sensaciones físicas eran palpables. Me fue posible estar al mismo tiempo dentro y fuera del recuerdo, participante y observador a la vez. Para cualquiera, hubiera sido una experiencia extraordinaria; a mí, terapeuta experimentado, me resultó alucinante.

A medida que la imagen se desvanecía, oía música; al principio tenue, pero cada vez más clara: era "Doctor, My Eyes"[1] de Jackson Browne:

> *Doctor, mis ojos*
> *No pueden ver el cielo.*
> *¿Es éste el premio*
> *Por haber aprendido cómo no llorar ?*

Cuando ese flashback terminó, fue seguido inmediatamente por otro y después otro y otro. En total, cinco recuerdos, cada uno igualmente vívido, igualmente poderoso.

---

[1] NT: Literalmente: Doctor, mis ojos

✳   Estoy entrando a la cafetería del colegio secundario. Dos muchachos recios, mucho más grandes que yo, me agarran de improviso, me empujan contra un poste y sujetan mis brazos por detrás. No dicen nada; se ríen mientras tratan de aterrorizarme; estoy atrapado e indefenso. La peor parte es que otros compañeros siguen de largo, sin que les importe o fingiendo no ver lo que sucede. Me recuerda mi desprotección ante los pendencieros que conocí en el jardín de infantes o en el primer grado. Finalmente puedo zafar mis brazos y escapar. Corro hacia mi mesa habitual y me siento. Mis amigos no se dan cuenta de nada. Estoy solo. A medida que el recuerdo se desvanece, rápidamente salto a otro.

✳   Estoy en el parque con un amigo; ambos tenemos nueve años. Mi familia se ha mudado recién al vecindario. (Nos hemos mudado de Fresh Meadows, un enclave donde predominan los judíos de clase media, a Elmhurst, zona de empleados y oficinistas, donde viven muy pocos judíos). Nuevamente soy amenazado por chicos mayores, más grandes, que exigen saber si he sido bautizado. No respondo, más por desafiarlos que por temor. Nos retienen a mi amigo y a mí, sujetando nuestros brazos por detrás y nos salpican la cabeza y la cara con agua sucia de un charco. Miro a uno de ellos directamente a los ojos y le pregunto por qué tienen que hacernos esto. Se sorprende brevemente por mi intento de razonar con él, pero enseguida continúan salpicándonos con el agua sucia. Algunos adultos están en el parque e ignoran el incidente, fingiendo que no pasa nada. Termina la escena y abruptamente comienza la próxima.

✳   Tengo poco más de veinte años y estoy viajando en un ómnibus por una carretera sinuosa en Martinica. Es un ómnibus viejo, pesado y el conductor se desplaza de un lado al otro, de derecha a izquierda, para evitar un automóvil manejado alocadamente. El ómnibus queda fuera de control. Hay un silencio absoluto por lo que parecen diez segundos; todos sabemos qué está por suceder. El ómnibus se da vuelta y cae en una cuneta; ahora se llena de gritos, aunque ninguno mío. En fracción de segundos mi cabeza es catapultada contra el techo metálico; las palabras *"Ya está"* pasan por mi mente. Creo haber vivido los últimos momentos de mi vida. A medida que la imagen se desvanece en la oscuridad, emerge la siguiente.

✳ Tengo diecinueve años y soy consejero en un campamento en Maine. Decidido a practicar snorkel; me coloco un equipo prestado y salto desde un muelle al lago. Luego de disfrutar de las vistas bajo el agua emerjo y creyendo que el tubo del snorkel ya está fuera del agua respiro profundamente. El agua que aspiro llega a mis pulmones e inmediatamente me embarga el agotamiento. Me aterro: me estoy ahogando. Manoteo el agua con mis brazos cada vez más débiles: cinco metros me separan de la seguridad. Los últimos metros son los más difíciles. De alguna manera puedo treparme al muelle y colapso, tratando de recuperar el aliento. Cuando por fin puedo levantarme, voy tambaleante hasta la playa, donde me acuesto boca abajo durante lo que debió ser media hora. En mi cabeza revoloteaba el pensamiento de que casi me ahogué. Nadie sabe ni va a saberlo jamás a menos que yo lo cuente. Nuevamente solo.

–Se acabó el tiempo –interrumpió el facilitador–.Tenemos que cambiar los roles para el próximo ejercicio.

Me sentía aturdido mientras volvía lentamente al mundo real. Uri me estaba mirando con cara de póquer. Mi terapeuta, bañado en sudor, estaba a la vez anonadado y asombrado. Había sido arrastrado a un viaje imprevisto a través de una serie de mis recuerdos traumáticos. El lápiz se le había caído de las manos, y el manual estaba dado vuelta sobre su falda. Uri nos recordó el último paso: la vuelta al blanco inicial.

Y entonces: ¡un milagro! Casi no podía recordar la escena inicial y menos aún evocar las emociones que había producido originalmente. Era como si la enfermera-niñera nunca hubiera existido: la angustia y el terror habían desaparecido. La pantalla fue arrancada y los vívidos flashbacks y los recuerdos traumáticos que había estado arrastrando por años emergieron de las sombras y se liberaron. Una vez que los recuerdos que se encadenaban a través de las redes asociadas de mi memoria fueron procesados, el foco inicial se descongeló y su poder emocional desapareció.

Uri intervino para manejar mis movimientos oculares finales. Me vi soltando mis propias manos de mi cuello. Por primera vez me di cuenta que a largo de mi vida, yo mismo había estado ahogando mis fuerzas vitales, mis emociones, creatividad y amor propio. Mientras terminaba, oí a Bob Marley cantando estas líneas de "Redemption Song"[2]:

Emancípate de la esclavitud mental
Nadie sino nosotros mismos puede liberar nuestra mente

Una hora más tarde, Uri y yo dejamos el hotel. Caminamos en silencio, demasiado abrumados para hablar sobre lo que me había pasado. Sabía que había experimentado algo profundo, algo trascendente. Mi primera exposición a EMDR había sacudido mi mundo y mi mente corría furiosamente, saltando de paciente en paciente, preguntándose cómo cada uno de ellos podría responder a esta nueva terapia. Estaba sacudido por las implicancias de lo que se extendía por delante.

¿Cuán "verdaderos" eran los flashbacks? ¿Los incidentes recordados habían sucedido realmente?

Ciertamente estuve en Martinica en un ómnibus que se dio vuelta; fui molestado por muchachos en mi escuela secundaria; estuve a punto de ahogarme durante un campamento de verano y tres chicos me "bautizaron" con agua de un charco, para mi gran humillación. Pero no había tomado conciencia de que estaba aún traumatizado por estos hechos. En cuanto al estrangulamiento, el flashback más significativo, ¿había sucedido realmente? ¿Pudo haber sido un recuerdo de mi nacimiento dificultoso? ¿Pudo realmente haber sido alguien estrangulándome? ¿Fue un pariente, un amigo o un extraño? La cara en la imagen era borrosa, la sensación de las manos alrededor de mi cuello no lo era. El terror era tan palpable como el jadeo buscando aire para los pulmones. A lo mejor era el chico vecino que siempre fue hostil conmigo. No puedo estar seguro. Los recuerdos pueden ser poco confiables, y los detalles eran menos importantes para mí que el significado de este flashback.

Me llevó unos días comprender que todos los flashbacks tenían un tema similar: mi inhabilidad para respirar o evitar la asfixia, mientras otros miraban apáticamente. Me llevó más tiempo aún comprender que cada escena retrospectiva era una metáfora de cómo recordaba aspectos de mi infancia.

---

[2] NT: Canción de la redención

Como todos los padres, los míos llevaron sus experiencias de vida al matrimonio y a la crianza de sus hijos. Mi padre, cuyo padre a su vez era estricto e irascible, ganaba la atención en su familia numerosa comportándose bien y siendo estudioso. Mientras sus cuatro hermanos se dedicaron a los negocios, él siguió una carrera especializada en educación judía, realizando eventualmente tiras de cine para una serie de organizaciones judías. Durante la Segunda Guerra Mundial fue objetor de conciencia y se lo destinó primero como peón en un aserradero de New Hampshire y luego como ordenanza en un hospital de salud mental en Connecticut. Fue duro para mí siendo niño, cuando mis compañeros alardeaban cómo sus padres habían servido en el ejército o la marina durante la guerra. Cuando me presionaban, decía que mi padre había estado en la marina, pero no daba detalles. Solamente cuando fui adulto pude comprender su elección como un poderoso acto de conciencia.

Mi madre, diez años más joven, era más accesible que mi papá. Era a la vez vulnerable y resiliente. Su padre, un hombre afectuoso y bueno, era un farmacéutico que trabajaba siete días a la semana para mantener su farmacia funcionando. Eventualmente la vio florecer, sólo para ser desplazada por la construcción del Puente Triborough. Con el espíritu quebrado, falleció de un ataque cardíaco cuando mamá tenía veintiún años. Su madre era un ama de casa inmaculada y buena cocinera y aunque cariñosa, podía ser depresiva y crítica, al punto de echar a mi madre de la cocina con el equivalente yiddish de "tienes manos torpes". Al poco tiempo de fallecer su esposo, la madre de mi madre contrajo cáncer de garganta, y terminó su agonía en el Hospital de Nueva York. Poco tiempo después mi madre desarrolló claustrofobia y miedo a no poder respirar. Temía quedar atrapada en un autobús o subterráneo y en el cine solamente podía sentarse en el asiento del pasillo. Muy golpeada por la muerte de sus padres, se recuperó gradualmente, pero era perseguida por temores de enfermedad y muerte.

Mis recuerdos infantiles de mi madre incluyen tiempos de cariño y diversión, salpicados por su tristeza y temores. Yo fui gravitando hacia el rol de cuidador emocional, odiando verla sufrir mientras trataba de estabilizarme. Aunque lleno de vida y curiosidad, era un niño tímido, inseguro y en la adolescencia frecuentemente ansioso, con logros pobres en la escuela y con tendencia a sufrir migrañas.

Mi madre tenía un master en educación y aunque dejó de trabajar cuando nació mi hermana, era maravillosamente estimulante para nuestra creatividad. En nuestra niñez se sentaba con nosotros a la hora de la cena, supervisando nuestros proyectos de arte y narraciones. Aunque siempre generosa con el amor y el afecto, mi madre luchaba con mi natural deseo de independizarme.

En contraste, había mucho de mi padre que yo no entendía. Al madurar, comprendí que era un hombre profundamente espiritual y emocional, reservado sobre su vida interior. Papá tenía estándares altos, especialmente con sus propios criterios de moralidad y erudición. Raramente escuché elogios o afecto de su parte y crecí dudando de su amor. Mi madre me aseguraba que hablaba con orgullo de mí frente a sus amigos, pero yo me preguntaba por qué no podía decírmelo a mí. Cuando me tiraba encima de él jugando, frecuentemente me alejaba diciendo: "no te acerques demasiado" y en esas raras y emocionantes ocasiones en que jugaba lucha libre conmigo, rápidamente perdía el interés.

Mi padre nunca se dio cuenta cuánto me dolía su distancia. Sin embargo, yo construí mi propio puente interior hacia él, identificándome con su perseverancia y sus cualidades innovadoras. Seguí sus pasos, convirtiéndome en un escritor y un conferencista.

La relación con mi hermana fue amorosa y competitiva a la vez. Era tres años mayor que yo y compartimos el mismo cuarto hasta que tuve nueve años. Podía ser una compañera de juegos alegre y creativa; eventualmente, me abrió las puertas del mundo del rock and roll y las citas. Pero alternaba entre ser afectuosa y ser competitiva. Sus ocasionales brotes de celos la llevaban a utilizar su edad y sus habilidades mas sofisticadas en su beneficio. (Los celos no eran unilaterales; yo también tenía los usuales sentimientos de rivalidad hacia ella). Mi mejor defensa fue convertirme en el hijo menos complicado para mis padres; mi manera de desquitarme. Pero el tiempo y la madurez han permitido que estos recuerdos se desvanezcan.

Desde temprano desarrollé maneras de suprimir pensamientos y sentimientos dolorosos. Ya avanzada la adolescencia, la mayoría de mis sentimientos positivos estaban congelados junto con los negativos que estaba reprimiendo; mi auto-estrangulación había alcanzado su máxima potencia. Como resultado de esto, mi nivel de madurez quedó por debajo del de muchos de mis pares. Pasé por el Queens College desanimado, continuando mi historia de bajo rendimiento académico. Ocasionalmente tenía citas y también tuve mi primera relación importante con una joven, cuatro años menor que yo. Experimenté con marihuana (para mí, un paso hacia la independencia y normalidad) y recuerdo haber entrado al centro de estudiantes totalmente drogado, mientras Eric Clapton vociferaba su *Crossroads* por los parlantes.

La guerra de Vietnam estaba en su apogeo. Mi padre me instaba a registrarme como objetor de conciencia. Temía defraudarlo y estaba contra la guerra, pero no era ningún pacifista. Cuando en el formulario de registro llegué a la pregunta: "¿Está usted contra todas las guerras en cualquier forma?" contesté que no y me convertí en apto para reclutamiento.

Sin embargo, tenía una prórroga por estudio y durante mi último año el presidente Nixon dio por concluido el reclutamiento. Iba manejando hacia Filadelfia cuando escuché la noticia en la radio del auto y debí parar para absorberla. Estaba a salvo, sabiendo que cientos de miles de otros muchachos no fueron tan afortunados, despachados de vuelta a casa en bolsas para cadáveres, con muletas y almas atormentadas. Décadas más tarde fui honrado con la oportunidad de ayudar a cicatrizar sus traumas con EMDR.

Debía tomar decisiones sobre mi futuro y mi elección de estudios universitarios. Mi propia búsqueda de significado interior me llevó a pensar en convertirme en psicoterapeuta. Ingresar a un programa doctoral en psicología requería un promedio previo de calificaciones altas, que yo no tenía. Así que me postulé y fui aceptado en un programa de Master en la Escuela de Trabajo Social de la Universidad Yeshiva; una ruta alternativa para entrar al campo de la psicoterapia. Disfruté de las clases, pero comenzaron mis problemas durante mi trabajo de campo, en una clínica de salud mental. Comenzaba mi día en la clínica a las nueve de la mañana y como un reloj, a las dos de la tarde sentía una dolorosa puntada abdominal. Mis emociones suprimidas estaban demandando atención. Mi supervisora descubrió problemas en mi trabajo con los pacientes, que yo no había percibido. Las cosas se pusieron tan mal que me aprobó el primer semestre solamente con la condición de que hiciera terapia.

A las dos semanas de comenzar terapia, al iniciar un proceso de auto-exploración y sanación que continúa hasta hoy, mis dolores de estómago desaparecieron y me gradué con los máximos honores. Conseguí mi primer trabajo rentado (por principescos US$ 12.700 anuales) como trabajador social en una agencia de rehabilitación vocacional y alquilé un pequeño departamento en Queens. En el trabajo, el comportamiento lunático provenía más de los administradores que de los pacientes emocionalmente perturbados, pero fue una prueba de fuego, de la que aprendí mucho sobre el trabajo con personas emocionalmente destrozadas. Los trabajadores sociales del *staff* nos aglutinábamos espontáneamente para apoyarnos mutuamente y para aprender. Una de ellos era Nina Cohen, que me atrapó con su hermosura, dulzura y sabiduría. Tres años más tarde obtuve un puesto de trabajador social principal (más tarde director clínico) en un centro de asesoramiento psicológico en Long Island. Nina y yo nos casamos, nos mudamos a una casa en los suburbios y tuvimos un niño, Jonathan, quien sigue siendo una bendición para ambos. No tengo problemas en ponerle límites, o en decirle, diariamente, cuánto lo quiero, pero la paternidad es aún la paternidad, con todos sus altibajos.

En 1981 comencé mi práctica privada durante parte del día y un año después dejé la clínica para convertirme en un terapeuta privado de tiempo completo. Fui aceptado en un instituto de formación psicoanalítica que me demandó tres años de estudio y un análisis personal. Eso constituyó la piedra angular de mis conocimientos sobre cómo comprender y poder ayudar con los complejos desafíos que presentaban los que solicitaban mi ayuda.

Continué estudiando durante diecisiete años. Ganaba un sustento más que adecuado y me consideraba satisfecho, si bien no realizado. Podía sentir emoción, experimentar y expresar gozo y alegría, relacionarme con amigos, con conocidos y desconocidos e incluso hablar en público y entrar con confianza a un cóctel.

Estaba, en suma, listo para algo extraordinario. Estaba listo para EMDR. Los cuarenta años pueden parecer tarde para encontrar la vocación, pero el mundo está lleno de personas que descubren su potencial a los treinta o en la mediana edad. (Thomas Mann, por ejemplo, no escribió su primera novela hasta que tenía treinta y nueve años). Quizás no estaba listo para expandirme hasta que hubiese aprendido a enfrentar mis emociones en vez de tratar de escapar de ellas, un proceso que había llevado todos esos años. Quizás simplemente tenía que conocer y dejarme inspirar por Francine Shapiro.

De todas maneras, gracias a EMDR pasé de ser un exitoso psicoterapeuta en Long Island a una persona que ha triunfado internacionalmente; de un joven reacio a dejar su hogar a un hombre que ha ido a Belfast a ayudar a sus habitantes a recuperarse de veinticinco años de luchas. EMDR me ha permitido tratar a víctimas de traumas severos, testigos presenciales y víctimas de catástrofes, desde accidentes ferroviarios a las peligrosas calles de Bedford-Stuyvesant. He ayudado a mejorar espectacularmente el rendimiento de atletas profesionales y artistas creativos; incluso desarrollando un método actoral único, que incorpora tecnología EMDR. Junto con otros, he desarrollado a partir de la base de Francine Shapiro, formas innovadoras de hacer a EMDR aún más efectivo, con una aplicación más amplia a los desafíos de la vida. En este libro describiré algunos de mis encuentros más dramáticos, los llevaré a las alturas que puede alcanzar EMDR y demostraré que los traumas no tienen que producir cicatrices para toda la vida; en verdad, pueden cicatrizar *¡a veces en horas!* (Sin embargo, en muchos casos de trauma infantil profundo, la curación con EMDR, como veremos, puede llevar muchos meses o unos cuantos años).

Durante mi derrotero y a través de mi práctica, especialmente desde que aprendí EMDR, aprendí muchas verdades que trascienden cualquier técnica terapéutica o sistema de creencias:

• Es terapéutico que los terapeutas acepten y se sientan cómodos con el hecho que ellos, al igual que los que buscan su ayuda, son vulnerables y tienen defectos. Es antiterapéutico que los terapeutas se escondan detrás de su posición superior en la relación de poder.

- La terapia funciona mejor cuando dos personas encuentran su camino juntas: una necesitada de ayuda con un problema; la otra, capaz de actuar como un guía en la solución de ese problema, pero iguales en todos los otros aspectos.
- El buen terapeuta le da al paciente su propia experiencia junto con la experiencia del paciente mismo
- El terapeuta que no aprende de su paciente no está haciendo su trabajo plenamente.
- El cerebro tiene la capacidad de curarse de recuerdos, emociones y creencias intangibles, al igual que el cuerpo puede curarse de lesiones físicas. Va a hacerlo espontáneamente cuando los obstáculos para la curación sean removidos.
- Las únicas respuestas significativas están dentro de la mente, el cuerpo y el espíritu del paciente. Los terapeutas nunca pueden, *por sí mismos,* acercarse a la comprensión de cuáles son las cuestiones centrales de un paciente; siempre estarán lejos. La terapia óptima guía al paciente a encontrar respuestas dentro de sí mismo y a utilizarlas, sin influencia externa del terapeuta.
- No tenemos que aceptar estar "fijados de por vida" a síntomas dolorosos, auto-imágenes pobres o rótulos negativos que giran incesantemente en nuestras mentes. El cambio "milagroso", que se creía imposible, es ahora posible, ¡a veces a máxima velocidad!

Dadas estas verdades universales, el método correcto, al menos EMDR, es más grande que cualquier terapeuta en particular. Todos los terapeutas que lo utilizan pueden beneficiar a sus pacientes. Todos los que lo "reciben" pueden ser ayudados.

Pero, específicamente, ¿qué es EMDR? ¿Cómo ha cambiado y se ha expandido? ¿Por qué estoy tan convencido de su eficacia?

La mejor manera de responder estas preguntas es llevarlos a través de los antecedentes de EMDR: su desarrollo, teoría y práctica. Luego compartiré con ustedes mi propia experiencia, desde un destinatario asombrado y profundamente conmovido a la de un profesional experimentado. Después de eso, se los mostraré, y me mostraré a mí mismo, en acción.

Capítulo 2: La teoría de EMDR

Desde hace mucho tiempo se conoce el hecho que los movimientos oculares de izquierda a derecha y de derecha a izquierda tienen efectos fisiológicos y psicológicos. A veces los hipnotizadores utilizan estos movimientos como una ayuda para inducir el estado de trance. El controvertido psiquiatra Wilhelm Reich postuló que "aflojar" los ojos era una vía hacia la liberación de emociones y sentimientos no expresados. El acto de leer, en sí mismo profundiza la comprensión de lo que se está leyendo. Las personas abstraídas en su pensamiento mueven sus ojos sin darse cuenta.

En realidad, todo movimiento bilateral, no sólo el movimiento ocular, afecta el cerebro, en algunos casos estimulándolo, en otros relajándolo o liberándolo de ansiedad y estrés. Los tambores africanos, dependiendo de su cadencia, pueden excitar a una audiencia o calmarla. El sonido estereofónico tiene mucho mayor efecto que el monoaural. Los corredores de grandes distancias, cuyas piernas se mueven a un ritmo regular, hablan tanto de entrar en una "zona" como del aumento de su habilidad para resolver problemas. La estimulación bilateral tiende a hacer aflorar lo predominante en la mente de uno y luego nos ayuda a liberarnos de ello, llevándonos a una respuesta de relajación.

La genialidad de Francine Shapiro consistió en ver cómo este fenómeno podría ser aplicado terapéuticamente.

LOS ORÍGENES

"La semilla de EMDR brotó una soleada tarde de 1987, cuando hice un alto para pasear alrededor de un pequeño lago", escribe la Dra. Shapiro en su libro *EMDR: The breakthrough "Eye Movement" Therapy for Overcoming Anxiety, Stress and Trauma* (1997). "Noté que cuando un pensamiento perturbador aparecía en mi mente, mis ojos comenzaban a moverse espontáneamente de un lado a otro. Hacían rápidos movimientos en una diagonal desde la izquierda inferior hacia la derecha superior. Al mismo tiempo noté que el pensamiento perturbador había desaparecido de mi conciencia y cuando lo traía de vuelta a la mente, no me molestaba tanto" (pág. 9).

Deliberadamente lo intentó otra vez, eligiendo un pensamiento generador de ansiedad y moviendo sus ojos. El resultado fue el mismo. Lo probó con amigos y conocidos. Nuevamente, el proceso funcionó, aunque muchas veces ella tenía que guiar los movimientos oculares haciéndoles seguir su dedo. Pero si bien la ansiedad disminuía, no desaparecía del todo y se dio cuenta que tenía que desarrollar un procedimiento para resolver completamente la ansiedad. "Descubrí", explica, "que tenía que pedir a la persona que cambiara el foco de su atención (a un aspecto diferente de aquello que lo perturbaba) o guiar sus ojos a moverse de una manera distinta, quizás horizontalmente o más rápido o más despacio. Cuanto más experimentaba, más veía la necesidad de dar con alternativas para producir el efecto positivo cuando éste se estancaba."

Así nació el concepto clave de blanco o target, o de una sucesión de blancos u objetivos, dependiendo del tiempo que llevara la terapia. Pero antes de describirlos y explicar cómo se usan en el protocolo terapéutico, es importante comprender algunas cosas sobre el cerebro.

CEREBRO IZQUIERDO, CEREBRO DERECHO

Seguramente usted habrá leído sobre los dos lados del cerebro; el derecho, que gobierna la emoción y la creatividad y el izquierdo, que gobierna el pensamiento. Esta división está demasiado simplificada, es incluso simplista, ya que hay una continua interacción entre todas las partes del cerebro. El "cableado" del cerebro es un sistema complejísimo de neuronas y sinapsis; hay más de cuatro *cuatrillones* de conexiones que por ahora sólo comprendemos de una manera limitada.

El cerebro es un sistema increíblemente complejo compuesto de una variedad de estructuras, muchas de las cuales se encuentran tanto en el hemisferio izquierdo como en el derecho. Pero el cerebro está también dividido en tres segmentos más: el cerebro humano, el cerebro mamífero o paleo-mamífero[3] y el cerebro reptil. Al cerebro humano se lo conoce también como cerebro frontal o prosencéfalo, cerebro racional, cortical o neocorteza. El cerebro mamífero es conocido también como

---

[3] NT: Corresponde al término inglés "mammal brain"

cerebro medio o mesencéfalo, cerebro emocional o límbico; el cerebro reptil, localizado en la base del cráneo, es conocido también como romboencéfalo o cerebro arcaico y gobierna las funciones autónomas como el sueño REM, los reflejos, la circulación y la respiración. La parte inferior del romboencéfalo, el cerebro troncal, se conecta con el resto del sistema nervioso en la parte superior de la columna vertebral. Esta es la verdadera conexión mente-cuerpo, ya que toda la información que va del cerebro al cuerpo y viceversa, pasa a través de este portal.

A pesar de la atención dada a los mecanismos del cerebro en décadas recientes, los máximos expertos en neurología admiten que todavía se sabe poco sobre su funcionamiento. Por lo tanto, nuestra compresión de cómo actúa EMDR es, también, bastante limitada. Se han propuesto muchas teorías: la más simple afirma que estimulaciones bilaterales alternadas acrecientan la comunicación entre el cerebro izquierdo y el derecho. Según esta teoría, el rápido y potente fluir del procesamiento con EMDR intensifica la comunicación constante de todas las estructuras cerebrales interconectadas. El paralelo entre los movimientos oculares en EMDR y los del sueño REM son obvios, así como el procesamiento de información que sucede durante ambas actividades. El Dr. Robert Stickgold, investigador en neurología en la Universidad de Harvard, ha especulado que el flujo de información desde el hipocampo (que almacena información) a la neocorteza (que analiza la información) es direccionalmente inverso en EMDR, de la misma manera que ocurre durante los ciclos REM, permitiendo al cerebro reevaluar información congelada en un sistema que se encontraba abrumado en el momento del evento traumático. Otros consideran que EMDR funciona porque su efecto de distracción alternada, activa una respuesta de alarma continua, alterando al cerebro y causando una perturbación y reprocesamiento de la información disfuncionalmente almacenada. Ambas ideas tienen sentido y posiblemente sean piezas de un rompecabezas mucho más grande que estamos recién comenzando a armar.

EL CURSO DE LA TERAPIA CON EMDR: LOS PRIMEROS PASOS

Por supuesto, un terapeuta tiene que desarrollar mucho trabajo con un paciente antes de comenzar la estimulación bilateral y la compleja activación cerebral. Típicamente, durante la sesión inicial, el terapeuta toma la historia del paciente. Este paso básico en todas las relaciones doctor-paciente es aquí particularmente importante, ya que el terapeuta de EMDR sabe cuán poderosa puede ser la respuesta del paciente a EMDR y quiere asegurarse que no va a ser agobiante. EMDR puede ser de ayuda inmediata para gente con trauma, ansiedad o estrés moderados; puede ser peligrosamente desgarrador para aquéllos severamente perturbados, con quien el terapeuta debe proceder lentamente y con cautela.

Luego de tomar la historia, el terapeuta explica cómo funciona el proceso y qué esperar. Al paciente se le informa que una situación poco compleja, como un solo incidente traumático en la adultez (un accidente de tránsito o una golpiza) puede ser resuelta en unas pocas sesiones, pero que un problema más complejo, que generalmente resulta de una historia de trauma y abuso durante la niñez, está profundamente enraizado en el sistema y puede llevar meses o incluso años de tratamiento con EMDR para una curación completa. A un paciente que presenta un trauma discreto se le informa que traumas olvidados de épocas anteriores de su vida pueden emerger y complicar y prolongar el desarrollo del tratamiento.

Identificar el blanco

A continuación, el terapeuta le pide al paciente que elija un blanco: un incidente, recuerdo o imagen problemáticos o incluso un sentimiento particular como pánico o tristeza. Para el terapeuta es más fácil trabajar con un evento específico. Si la queja es más general ("sufro ataques de pánico"), el terapeuta debe tratar de ubicar el origen de la sensación.

– ¿Cuándo fue la primera vez que sintió ese pánico?"–le preguntará–. ¿Qué estaba sucediendo en su vida en ese momento?

Uno de los abordajes más efectivos de Francine Shapiro era formularle al paciente tres preguntas: ¿Cuándo fue la primera vez que tuvo ese sentimiento? ¿Cuándo fue el peor momento?

¿Cuándo fue el momento más reciente? En última instancia, estas tres respuestas pueden ser utilizadas como blancos, pero generalmente comenzamos con la más poderosa ("el peor momento"). De todas maneras, el terapeuta debe tener cuidado de no dirigir al paciente. EMDR se centra en el paciente y es la función del terapeuta guiarlo a elegir y formular su propio blanco. A diferencia de otras formas de terapia, EMDR no trabaja con presunciones. Se elige un blanco y el paciente es guiado a visualizar el peor momento o el más resonante de ese recuerdo. (La *imagen* activa el aspecto del recuerdo guardado en la corteza occipital, que controla la visión en el cerebro). También se le pregunta al paciente si aparecen sonidos u olores con los recuerdos visuales.

Identificar la cognición negativa

El próximo paso es elicitar la *cognición negativa* asociada con la imagen señalada. La creencia de una víctima de violación de que la culpa fue suya o que está "sucia" es un buen ejemplo, pues ambas son creencias distorsionadas, *irracionales*; el pilar de la cognición negativa es la irracionalidad. Estas creencias son los "síntomas a nivel del pensamiento" del trauma. Por ejemplo, "no debería haber caminado en el parque después de la medianoche" es una creencia *racional* y por lo tanto no es una cognición negativa en el sentido en que nosotros utilizamos ese término.

El arte del terapeuta estriba en hacer aflorar lo que el paciente realmente cree, no lo que *piensa* que es una creencia apropiada y ayudarlo a encontrar las mejores palabras para expresarlo. Un terapeuta podría no asociar nunca la creencia negativa de un paciente con el blanco, pero si el paciente los relaciona, entonces esa creencia es "correcta". Por ejemplo, si un paciente ha sido chocado por detrás en un accidente automovilístico, uno puede esperar que diga (irracionalmente, ya que él fue embestido): "es mi culpa que chocamos". Pero si en lugar de ello dice: "soy una persona totalmente incompetente", puede ser sorprendente, pero es la verdadera cognición negativa del paciente y el terapeuta no debe alterarla.

De todas maneras, la cognición negativa debe ser liberada, ya que éste es el propósito de la terapia con EMDR. El cerebro racional sabe qué está distorsionado y qué no y EMDR permite al paciente ver la distorsión y reemplazarla por algo más adecuado. "Ahora tengo miedo cuando manejo" es una emoción adecuada; el paciente no quiere ser embestido nuevamente. Pero, "estoy destinado a tener un accidente cada vez que manejo" y "siempre me pasan cosas terribles" son sentimientos distorsionados y el éxito de EMDR consiste en permitir a los pacientes liberarse de ellos.

El terapeuta necesita educar al paciente sobre qué es una creencia negativa y después ayudarlo a encontrarla. El terapeuta no pone palabras en la boca del paciente, sino que lo guía a expresar sus pensamientos o convicciones más profundos. El blanco y sus síntomas están neurológicamente entrelazados y proceden de varias regiones del cerebro del paciente. Focalizar sobre un blanco inicial es un esfuerzo por "iluminar" la(s) parte(s) del cerebro donde está "trabada" la imagen o recuerdo. La estimulación bilateral va a actuar como una especie de marcapasos cerebral, activando y moviendo el pensamiento. Los científicos saben, por escaneos cerebrales, que la depresión, ansiedad, pánico y trauma se correlacionan con un incremento del flujo sanguíneo en el lado derecho del cerebro. A medida que el trauma y sus síntomas cicatrizan, el escáner muestra que esa actividad se equilibra en ambos lados del cerebro.

Finalmente, EMDR normaliza la actividad. A través de la estimulación bilateral, el recuerdo o la imagen no procesados no se mantienen congelados sino que dejan de ser un recuerdo traumático (que se siente como si recién hubiese sucedido, estuviese sucediendo o fuese a suceder) y pasan a ser un recuerdo del pasado. Y una vez liberado, el paciente nunca va a volver atrás y reactivar la misma imagen o su carga emocional.

LA COGNICIÓN NEGATIVA DE TED

Ted, un hombre de unos cuarenta años, entra a mi consultorio en un estado depresivo. Vendedor exitoso (los nombres e identidades de los pacientes han sido modificados), viste bien y se mantiene en buen estado físico. Sin embargo, no ha conseguido sostener su matrimonio y ahora está constantemente ansioso de que también perjudicará su trabajo. Me cuenta que es el menor de dos hijos y ha sentido siempre que sus padres preferían a su hermano.

Le explico el concepto de blanco y le pido que elija uno.

–Mi hermano solía pegarme todo el tiempo –me dice.

Es un buen comienzo, pero se necesita más.

– ¿Cuándo comenzó? –le pregunto.

–Desde que puedo acordarme.

– ¿Cuándo fue la última vez?

–Hace veinte años, antes de que él se fuera a la universidad.

– ¿Cuándo fue la peor vez?

Hace una pequeña pausa. –Yo tenía quince, él tenía dieciocho. Me pegó tan fuerte que me rompió un diente.

– ¿Puede ver esa imagen?

–Puedo –me dice, pero la respuesta es innecesaria. Me doy cuenta que la puede ver por el modo en que sus ojos se iluminan y el repentino encogimiento defensivo de su postura.

–Puedo sentir el gusto de la sangre y el dolor en mi boca también – añadió.

–Cuando ve esa imagen, ¿qué pensamiento negativo, distorsionado, de autocrítica, irracional viene a su mente? Algo que todavía lleva a cuestas, aunque sepa que no es cierto. Y recuerde: no es lo que pensó entonces, es lo que le viene a usted ahora –estoy preguntando sobre la cognición negativa.

–Soy débil –responde sin dudar.

Su contextura desmiente sus palabras. Podría contradecirlo, pero eso sería un error terapéutico. "Soy débil" tiene implicancias psicológicas y físicas. Si hubiese dicho, "Yo *era* débil", hubiera sido una afirmación de un hecho, inapropiado para nuestro uso.

– ¿Eso es cierto? – le pregunto para reconfirmar.

– Eh... no – lo reconsidera.

Su contradicción aparece demasiado rápido. Parece que puede ir más profundo.

–Si no es eso, ¿qué podría ser?

–Estoy triste.

Mientras que en algunos casos, ésta podría ser una creencia distorsionada, negativa, del que habla, en el caso de Ted es obviamente cierta. *Está* triste.

– ¿Qué lo pone triste? –indago más

–Nadie me ama. Y tienen razón. No valgo nada.

Llegamos a la más profunda *creencia negativa* de Ted, un punto estancado de su historia. Pasemos al próximo paso del protocolo.

Encontrar la cognición positiva

Una vez que se ha elicitado una creencia negativa, el paso siguiente es darle al paciente algo a lo cual aspirar, algo positivo, afirmativo. Esta es una manera de activar áreas semánticas en el lóbulo prefrontal izquierdo; o sea, de iluminar un área optimista del cerebro.

La *creencia positiva* no necesariamente debe ser directamente opuesta a la creencia negativa. "Soy fuerte" no es un antídoto a "soy débil", ni "soy algo grandioso" es la probable creencia positiva emergente de "no valgo nada". Una creencia positiva debe ser un pensamiento que el paciente puede percibir como algo realista en el ahora. El cerebro debe poder asimilarlo, reconocer que es cierto, y *creerlo*. Para Ted, "ahora puedo manejarme solo" puede ser una creencia positiva adecuada, pues es una creencia adecuada, racional. Pero nuevamente, la creencia positiva debe ser *propia* del paciente; el terapeuta debe cuidarse de imponer sus propias palabras.

Utilizar escalas de medición

Ahora llegamos a la tarea terapéutica más definitoria de EMDR. Una vez que hemos identificado creencias negativas y positivas, debemos determinar de manera tangible su profundidad y poder. Este proceso de calificación es realizado (¡no es sorpresa!) por el paciente, pero el terapeuta puede jugar un papel directo en elicitar las respuestas al utilizar escales de medición.

Se utilizan dos escalas diferentes. La escala VOC (de Validación de la Cognición) desarrollada por Francine Shapiro, se aplica a la cognición positiva. Simplemente le pregunta al paciente "¿Cuán verdadera siente su creencia positiva ahora, al juntarla con la imagen del blanco?" La valoración se hace numéricamente, en una escala de 1 a 7, en la que 1 significa "totalmente falsa" y 7 significa "totalmente verdadera". Ted evaluó su creencia positiva de que podía manejarse solo con un dos: casi totalmente falsa.

La otra escala, desarrollada por el psicólogo conductista Joseph Wolpe, se denomina Escala de Unidades Subjetivas de Perturbación (SUDS: Subjective Unit of Disturbance Scale). Le pide al paciente que una la imagen del blanco con la creencia negativa y luego observe los sentimientos que surgen. El terapeuta no necesita comprender por qué una imagen determinada y una cognición negativa generan las emociones que generan, ni creer que las emociones son las apropiadas al trauma. Nuevamente, la creencia negativa pertenece al paciente y si él lo siente así, entonces el SUDS es aplicable a ese sentimiento. Las emociones asociadas con la cognición pueden ser temor, tristeza, envidia, pánico, incluso alegría, lo que espontáneamente surja.

El terapeuta, utilizando la escala del SUDS pregunta luego: "Si tuviese que calificar cuán perturbadoras son las emociones en este momento, en una escala de cero a diez, donde diez representa lo peor que usted puede sentir y cero representa neutral, ¿qué número le adjudicaría a los sentimientos?" Me sorprendo continuamente de la rapidez con que vienen las respuestas: "seis", "nueve", "cinco y medio". Las respuestas muchas veces se dan con expresiones y posturas que reflejan las emociones; si la emoción es tristeza, frecuentemente fluyen lágrimas.

El propósito de EMDR es bajar el SUDS a cero y luego elevar el VOC hasta siete. A veces, incluso en el caso de trauma severo, esto se puede lograr *¡en una sola sesión!* Es por eso que "máxima velocidad" es parte del título de este libro.

Antes que el terapeuta comience con la estimulación bilateral, se debe contestar una pregunta más: ¿En qué parte de su cuerpo siente la angustia en este momento? Si el paciente tiene dificultad para localizar las sensaciones, el terapeuta lo guía a explorar su cuerpo, de pies a cabeza. Es una confirmación de la conexión mente/cuerpo, que las emociones se expresen casi siempre en sensaciones corporales. Nuevamente, no es importante que el terapeuta comprenda el significado de la respuesta (una vez, un paciente mío contestó: "por encima de mi cabeza"), pero sí es necesario que el paciente localice la sensación, activando las emociones retenidas más profundamente. Para que el proceso de EMDR se complete, el cuerpo tiene que estar libre de toda perturbación.

Inmediatamente antes de que comience la estimulación izquierda-derecha, el terapeuta explica que a medida que el proceso avanza, la mente del paciente se va a modificar. No trate de dirigirla, explica el terapeuta; simplemente déjela fluir. Como enseña la Dra. Shapiro, es como contemplar algo desde la ventana de un tren, viendo lo que pasa delante; simplemente observa.

ESTIMULACIÓN BILATERAL

Se utilizan tres modos de activación bilateral: movimientos oculares alternados, estimulación táctil (toques) y estimulación auditiva (sonidos). Con los movimientos oculares, los ojos generalmente se mueven horizontalmente, de izquierda a derecha, de derecha a izquierda, siguiendo los dedos del terapeuta. Con la estimulación táctil, el terapeuta golpetea o presiona primero una mano del paciente y luego la otra, en un ritmo regular. Para la estimulación auditiva, el paciente se coloca auriculares y escucha sonidos que alternativamente fluyen de un oído al otro. Estos son los métodos de estimulación bilateral más comunes y aunque Francine Shapiro comenzó con movimientos oculares, todos son efectivos, pero las personas tienen preferencias individuales. (La ventaja del toque y el sonido -abordajes más pasivos- sobre los movimientos oculares, es que a menos que los pacientes se agobien, pueden cerrar sus ojos y focalizar internamente en sus imágenes). He utilizado los tres métodos, tanto por separado como combinándolos, dependiendo de lo que consideré más apropiado. Todos son efectivos.

Al paciente se la ha dicho que deje fluir el proceso. (En mi primera sesión, como ya referí, las imágenes, escenas enteras, surgían rápidas en mi mente, algunas acompañadas de música y canto, una detrás de la otra). Entonces comienza la etapa de procesamiento de información de EMDR. Durante las series de estimulación bilateral y sin esfuerzo consciente, la atención del paciente se desplaza de la imagen del blanco a la creencia negativa, las emociones que ésta evoca y el lugar del cuerpo que guarda las emociones, como un todo orgánico. El paciente se conecta con su interior, observando sin hablar, muchas veces llorando o riendo, pero siempre profundamente conmovido. Con el terapeuta se habla únicamente entre las series de estimulación bilateral, cuando el paciente puede relatar tanto o tan poco de su experiencia como prefiera. Movimiento y resolución ocurren internamente, independientemente de que el terapeuta lo capte. El proceso pertenece al paciente. Luego de reflejar su experiencia, el paciente es estimulado a continuar, guiado por el terapeuta a que "siga con eso".

El proceso puede durar hasta tres horas o solamente treinta

minutos, dependiendo del tiempo estipulado de la sesión y la cantidad de material que surja. Solamente cuando el paciente parece estar acercándose al punto de resolución, el terapeuta lo vuelve al blanco, a fin de evaluar el progreso y el nivel de perturbación en ese momento. Esto se logra dirigiendo al paciente a acceder nuevamente a la imagen original, que muchas veces ha cambiado en claridad o perspectiva y (utilizando la escala del SUDS) califique el nivel de perturbación uniéndola con la creencia negativa original. Cuando el número es 0 ó 1, el proceso ha concluido, o casi. Si el número es mayor, se continúa el trabajo a partir del estado actual del blanco.

Cuando se ha desvanecido el estrés, ha llegado el momento de instalar la creencia positiva, ya que el cerebro está ahora listo para aceptarla y fortalecerla. El VOC se obtiene uniendo la imagen del blanco original con la creencia positiva. La calificación es invariablemente más alta y a veces es 7 o cercana a 7. La creencia positiva se instala con la misma estimulación bilateral utilizada hasta este punto, hasta que se siente firmemente cierta.

Dos elementos están trabajando aquí:

* Desensibilización completa y permanente de un recuerdo traumático o un sentimiento o creencia perturbador (lo que no suele darse en otras formas de psicoterapia), que elimina el nivel de perturbación del blanco inicial.

* Instalación o profundización de la cognición positiva, lo cual significa que la creencia negativa, distorsionada, será reemplazada por una creencia positiva, realista. (Luego de este trabajo, Ted sintió que era capaz de manejar ataques similares a los recibidos de su hermano).

Cuando el proceso está completo, el cerebro ha descartado la experiencia subjetiva distorsionada y congelada que había agobiado al paciente y la ha reemplazado con una percepción positiva de la realidad actual. Técnicamente, el proceso EMDR une redes neuronales dispares o desconectadas que se conectan con la realidad y la información nueva y adecuada puede fluir a la conciencia del paciente a través de caminos hasta ese momento bloqueados.

Al igual que el sistema inmunológico del cuerpo, el sistema neurofisiológico se recupera al ser removidos los obstáculos para su curación. Nuestro cerebro nos protege, nos mantiene en equilibrio. El trauma trastorna este proceso. Un flashback, un sorpresivo revivir de una experiencia abrumadora, revela información no procesada que está congelada en el sistema nervioso. EMDR es el medio de alcanzar *y reactivar* el área (o áreas) donde está atrapado el trauma. La estimulación bilateral lleva el enlace de ese trauma a otras partes del cerebro y al hacerlo libera el trauma. Pero no es solamente la estimulación bilateral la que efectúa la cura, es todo el proceso. Ese es, en definitiva, el milagro de EMDR.

LOS CONTINUOS APORTES DE LA DRA. SHAPIRO

Hace ya catorce años[4] que Francine Shapiro realizó su paseo alrededor del lago. Inicialmente, gracias a su enseñanza, visión y determinación y a su habilidad para sortear la incredulidad y burla de las comunidades científicas y académicas, pero en última instancia, gracias a su efectividad, EMDR se practica hoy en día alrededor del mundo. Durante los primeros cinco años, la Dra. Shapiro condujo personalmente cada sesión de entrenamiento aquí y en el exterior, enfatizando la importancia de seguir rigurosamente sus protocolos y procedimientos. En la actualidad, 40.000 terapeutas han sido entrenados en el EMDR Institute, y nuevas generaciones de terapeutas están ampliando su poderoso método con nuevas técnicas y aplicaciones. Yo he introducido el uso de la música bilateral y sonidos de la naturaleza, que pueden ser utilizados continuamente durante las sesiones, en lugar de las series interrumpidas de movimientos oculares. Y he iniciado protocolos diseñados especialmente para el desempeño, creatividad y actuación. Algunos ven mi ampliación de las fronteras como una herejía, otros como una inspiración.

Para Francine Shapiro no ha sido suficiente descubrir y desarrollar un método de tratamiento que está revolucionando el campo de la salud mental en todo el mundo. Una verdadera visionaria, pronto reconoció que el poder de EMDR para curar el trauma rápidamente tenía implicancias humanitarias. Observó cómo el ciclo de violencia puede volver a algunas de las víctimas de hoy en potenciales perpetradores del mañana y vio que la

---

[4] NT: el Dr. Grand escribió su libro en 2001

curación podía romper ese ciclo. Reconoció que, tanto por razones económicas como sociales, aquéllos que más necesitaban esta ayuda tendían a recibirla menos.

Con la ayuda de otros pioneros de EMDR, organizó los Programas de Ayuda Humanitaria con EMDR (EMDR Humanitarian Assistance Programs – HAP), que han realizado entrenamiento y tratamiento sin cargo en sitios de desastre (en la ciudad de Oklahoma luego de la bomba del edificio federal, y en Homestead, Florida, luego del Huracán Andrew) y en zonas de sufrimiento alrededor del mundo (Bosnia, Ruanda, Centro y Sudamérica). También ha provisto de curación a veteranos de Vietnam y otros combatientes.

La inspiración y guía de la Dra. Shapiro me llevó a organizar entrenamientos humanitarios en Irlanda del Norte y en Bedford-Stuyvesant, una comunidad urbana deprimida de Brooklyn. Para mí, estas fueron experiencias culminantes y junto con el recibir y proveer terapia con EMDR, me han abierto la mirada y alterado el curso de mi vida de maneras que nunca hubiese imaginado.

EMDR me ha ayudado; me permite ayudar a otros. Y desde el comienzo, el descubrimiento de Francine Shapiro me convenció de que los "milagros" son posibles.

Capítulo 3: Mi aprendizaje

Al comienzo, la transición a convertirme en un terapeuta de EMDR no fue exactamente fácil. Un entrenamiento intensivo de un fin de semana, que me provocó un alucinante encuentro personal con EMDR, no me preparó a fondo para su utilización. Al día siguiente de ese fin de semana, volví a mi consultorio ansioso de aplicar esta nueva metodología a mis pacientes. Conocía el protocolo, había experimentado los efectos. Ahora era el momento de poner en práctica el método.

PHILIP, EL ABOGADO

Tenía ocho pacientes citados para ese día y decidí utilizar EMDR con tres de ellos, ya que un trauma parecía bloquear su progreso. El primero, Philip, un hombre de poco más de cuarenta años, era un abogado, socio menor en un bufete, con quien yo había estado trabajando durante un año y medio. De modales suaves, algo obsesivo, necesitado de elogio y estímulo constantes y propenso a brotes de ansiedad y depresión, en especial cuando era criticado. Con medicación y terapia había progresado; ahora entendía que un padre dominante en su infancia yacía detrás de sus temores y pasividad adultos. Su depresión aún persistía, pero menos intensamente y la sola idea de una confrontación todavía lo trastornaba.

Le expliqué que había aprendido una nueva técnica terapéutica y le pregunté si quería probarla. Aceptó tan rápidamente que temí que pudiese estar forzando posibles objeciones internas. Como estaba embarcándome en algo enteramente nuevo, seguí la guía de Francine Shapiro palabra por palabra. Le pregunté qué recuerdo quería focalizar.

–Una reunión de la semana pasada con uno de mis socios. Quería que yo abultase la cuenta de un cliente y cuando rehusé, me atacó como la ira de Dios. Por supuesto que lo que estaba pidiéndome era ilegal, pero eso no le importaba. Me acusó de no jugar en equipo.

Philip hizo una pausa, respirando rápidamente y con su cara roja como una remolacha.

–Aun si disiento apenas con él, se me viene encima. Me dice que no tengo pasta de abogado, que no debía haberme hecho abogado en primer lugar y que nunca seré su socio pleno. Y no es justo. *¡No es justo!* –. Agachó la cabeza; no podía continuar.

– ¿Puede oír su voz ahora? – le pregunté.

–Sí...

– ¿Cuál es la creencia negativa que acompaña la imagen y el sonido de esa voz?

Su respuesta fue inmediata:

–Es cierto; soy incompetente.

– ¿Qué emociones van con la imagen y la creencia negativa?

–Ansiedad, culpa, vergüenza.

– ¿En qué parte de su cuerpo lo siente?

–Mi estómago está revuelto.

Con Philip totalmente activado, comencé a mover mi mano; veinticuatro movimientos hacia la derecha y hacia la izquierda, lo básico que Francine había recomendado. Su mente comenzó a correr. Recordó otros incidentes: cuando se sintió intimidado por sus socios en el bufete; cuando había sido atacado verbalmente por su padre. A medida que continuaba, yo era consciente que estaba cometiendo algunos errores técnicos, pero no lo interrumpí; las imágenes iban saliendo demasiado rápido para que parásemos. Cuando finalmente se aquietó, lo llevé nuevamente a la imagen original.

–Se fue –me dijo.

A pesar de todo lo que había aprendido el día anterior, yo estaba incrédulo.

– ¿Se fue?

–Sí, no puedo traerla.

– ¿Y la creencia negativa?

–Ya no tiene sentido. Yo no soy incompetente. ¡Soy uno de los mejores abogados de la firma!

Meneó la cabeza, asombrado de sus propias palabras.

– ¿Y cómo siente el cuerpo?

–Relajado.

– ¿Su estómago?

–Tranquilo.

Apenas se retiró, repasé mentalmente lo que había sucedido. De una cosa estaba seguro: esto no tenía el menor parecido con nada de lo que me había encontrado antes como terapeuta. La velocidad con que Philip había cambiado y el grado de su transformación, me habían dejado asombrado. Tenía acceso a un sistema nuevo y poderoso y sus efectos parecían demasiado buenos para ser ciertos.

POLLY, LA ESTUDIANTE

Aunque no tan espectaculares, los resultados con mi segunda paciente aumentaron mi asombro. Polly era una estudiante universitaria de veinte años, con un rostro redondo, agradable, cabello oscuro y ojos que parecían mirar al mundo con perpetuo asombro. Estaba atrapada en una relación autodestructiva con un hombre joven, lo que para ella era una situación ya familiar. Durante los pocos meses que me había estado viendo, se había puesto el mote de "masoquista serial", ya que no podía liberarse de este hombre que, de eso estaba segura, le era infiel.

Eligió un recuerdo reciente y la imagen le vino como un destello. Hablaba por teléfono con su novio, habiendo esperado su llamado todo el día y ahora él le estaba diciendo que "había surgido algo" y no podría verla. Estaba segura que era porque él se estaba viendo con otra y mientras colgaba el auricular, sintió intensa vergüenza y denigración.

– ¿Qué creencia negativa acompaña esa imagen? –le pregunté.

–No merezco nada bueno.

– ¿Sus emociones?

–Culpa, vergüenza.

– ¿Nivel de perturbación?

–Diez.

– ¿Qué siente en su cuerpo?

–Una sensación de vacio en el estómago.

Nuevamente, hice la cantidad prescripta de movimientos oculares, pero me sentía como un malabarista que se estaba convirtiendo en un adepto a mantener tres pelotas en el aire y súbitamente tenía que manejar ocho. Imágenes, activadas por EMDR, cruzaban por la mente de Polly. Una amiga fastidiándola cuando tenía siete años. Su hermano mayor jugando al médico con ella cuando tenía diez. No podía repetir todo lo que estaba pasando por su cabeza y con la terapia anterior hubiéramos focalizado solamente en una situación, no un montón de ellas. No interrumpí ese fluir de imágenes. Era una experiencia virgen para ella y la segunda para mí y cada uno de nosotros estaba perplejo por la rapidez del proceso. Sin embargo, cuando la llevé nuevamente a su imagen original, comentó que se había "diluido", que su creencia negativa parecía "desconectada" de aquélla, menos dolorosa y más desapasionada y que su cuerpo se sentía relajado.

Cuando Polly se fue, quedé nuevamente desconcertado; la imagen de Philip había desaparecido, la de ella se había diluido. Sin embargo, la idea de que yo pudiese resolver un recuerdo doloroso al punto donde ya no producía perturbación, en tan poco tiempo, era tan extraña para mí como un viaje intergaláctico.

MAGGIE, LA ACTRIZ

Quizás debido a mi confusión, esperé hasta el último paciente del día antes de utilizar nuevamente EMDR. Maggie, a los treinta y ocho años, era una actriz voluble, hábil para poner una buena cara; trabajaba como vendedora para mantener su carrera actoral. A pesar de sus dones creativos y su inusual habilidad para meterse en cualquier personaje, había minado sus propios esfuerzos para lograr el éxito teatral; su cara valiente enmascaraba una historia de desilusiones. Al igual que Polly, había sufrido en una cadena de relaciones destructivas y, aunque habíamos estado trabajando juntos durante cinco años, los resultados tangibles todavía eran escasos. Maggie se escondía detrás de una armadura protectora (que los terapeutas vemos como una poderosa defensa narcisista), e incluso yo mismo me preguntaba por qué continuaba viniendo a verme. De no ser por su perseverancia y mi propia tozudez para darme por vencido con una persona – odio darle la espalda a alguien que lo esta intentando - podría haber contemplado derivarla a otro terapeuta. Pero comprendía que una herida profunda yacía oculta bajo su exterior. Su padre le había pegado cuando era niña, su madre estaba frecuentemente enferma e inaccesible y Maggie sufría de depresión y ataques de pánico. Sabiendo esto, no podía abandonarla; pero aún luego de cinco años, no había podido llegar a medir el grado del trauma que la afligía.

Hoy Maggie se mostraba inusualmente nerviosa. (¿Se habría percatado de mi propia inseguridad?) Su voz se tensó mientras aceptaba esta nueva técnica terapéutica y cuando comencé mi interrogatorio, me miró casi desafiante.

La imagen del blanco que le vino fue la de su hermana mayor (tenía tres años) empujándola sobre la cama y no dejándola levantarse.

– ¿Cuál es su creencia negativa?

–Estoy indefensa. Estoy totalmente indefensa –. Su voz se transformó en la de una niñita.

La expresión "estoy indefensa" es diferente de la más usual "no valgo nada"; no revela un auto-ataque sino una pérdida del control. Era la primera vez en todos esos años que había establecido contacto con la verdadera Maggie, la Maggie oculta. Todavía no habíamos utilizado movimiento ocular, pero ella ya estaba emergiendo. Dijo que en su pecho estaba creciendo el pánico.

–En una escala de cero a diez, ¿cuál es su nivel de perturbación? – le pregunté.

–Un nueve –dijo, aunque por el atisbo de terror en sus ojos, yo lo hubiese ubicado fuera de la escala.

Entonces comenzamos. Iba dando tumbos a través de recuerdos de su impotencia, con sus padres, sobre el escenario, con sus hermanas; había muchas imágenes de abuso infantil, verbal y físico. Su mente trabajaba a máxima velocidad hasta que todo se calmó. La dirigí nuevamente a su imagen original; el tiempo transcurrido no podía haber sido más de diez minutos.

–Desapareció – me dijo.

Es imposible, no tan rápido, pensé, pero simplemente le pregunté por su nivel de perturbación.

–Cero –dijo, con toda naturalidad.

¡Es imposible! Yo la apuraba y sondeaba, convencido de que sus síntomas estaban jugando a las escondidas, tratando de darle sentido a lo que parecía ser un milagro terapéutico. (¡Cinco años reptando y ahora, luego de diez minutos utilizando EMDR, un gran paso adelante!)

Nuevamente le pregunté a Maggie sobre sus hermanas, sobre la escena en la cama. Esta vez no hubo actitud defensiva ni vulnerabilidad infantil. Ella estaba presente y compuesta; hablábamos como si estuviésemos conversando sobre el estado del tiempo.

Yo estaba literalmente atónito; no podía pensar racionalmente. Mi cerebro estaba encerrado en la única explicación posible:

¡Los tres pacientes me engañaron! Se comunicaron entre sí por teléfono, ¡se confabularon!

Por más absurda que fuese la idea, por unos instantes no pude desterrarla de mi cabeza. Pero por supuesto, en realidad Philip, Polly y Maggie no se conocían, e incluso de no ser así, no hubiesen inventado esta absurda maniobra. No; en realidad yo estaba recibiendo un curso acelerado del poder de EMDR.

Cuando Maggie regresó a la semana siguiente, no mencionó lo que se había evidenciado, aunque su ansiedad había desaparecido. Tuvimos una sesión terapéutica rica y profunda. Me desesperaba por preguntarle sobre nuestra última sesión y finalmente no pude contenerme más. Su respuesta me hizo ver que por un lado, el cambio en ella era profundo, pero que por el otro, como una herida que ha curado y ya no duele, le resultaba difícil reconocer ese cambio.

– ¿Le gustaría hacer más EMDR? –le sugerí.

Me miró con un poco de sorpresa.

–Ah, ¿esa tontería? –dijo moviendo su mano.

Podría pensarse que luego de los resultados milagrosos del primer día, yo habría comenzado a utilizar la técnica todo el tiempo, pero una variedad de factores me detuvo. Todavía no podía explicar el poder de EMDR, lo que me dejaba ansioso y confundido. Mis propios pacientes minimizaban el impacto de EMDR. Y no tenía colegas, además de Uri, con quienes discutir mis casos ni teórica ni técnicamente. Bajo estas circunstancias, me contuve. Cuando sí usé EMDR, me encontré desviándome de sus protocolos y desconfiando de sus efectos. Decidí que era una herramienta terapéutica valiosa, pero demasiado ajena a mí y a todo lo que me habían enseñado.

Seis meses más tarde hice la Parte 2 del entrenamiento, pero ni siquiera esto fue suficiente para impulsarme, con total compromiso, a utilizar EMDR en forma consistente. Irónicamente, a pesar de los cambios dramáticos que habían experimentado mis pacientes, muy pocos de ellos venían a sesiones pidiendo ese tratamiento. Captaban mi falta de confianza y no comprendían la naturaleza y significado de sus propios cambios orgánicos.

Aunque estaba a punto de convertirme en un desertor de EMDR, de alguna manera perseveré, aún cuando anduviese rengueando.

Afortunadamente mi buen amigo Uri, acompañado por otro amigo y colega Mark Dworkin (también terapeuta EMDR de Long Island) me contaron que iban a Los Angeles para ser entrenados como facilitadores de EMDR (los que enseñan y guían la parte práctica del método en los entrenamientos). Me preguntaron si quería acompañarlos y dudé. *¿Por qué voy a aprender a enseñar a otros si no estoy convencido yo mismo?*, pensé.

–Es tu última oportunidad; están cerrando la lista de facilitadores en el Estado de Nueva York –me dijo Mark.

Decidí ir. Buena elección.

Así que en enero de 1995, dieciocho meses después de haber hecho mi entrenamiento de la Parte 1, volé a Los Angeles para entrenarme como facilitador con Uri y Mark. La noche anterior a que comenzara la sesión, actuamos como adolescentes en nuestra suite del hotel, liberando tensiones con travesuras y bromas descalificadoras.

Al borde de entrenarme para convertirme en facilitador, pensé en cuán abrumadora había sido mi primera experiencia y sentí la pesada responsabilidad de tomar el rol de maestro. En el entrenamiento de Los Angeles, había una cantidad de facilitadores EMDR avanzados que actuarían como maestros nuestros, supervisarían nuestro trabajo y nos dejarían tratarlos con EMDR para observar nuestras aptitudes. Eran todos de primer nivel.

Francine Shapiro también estaba allí.

En mis primeros entrenamientos me habían maravillado su brillantez, su claridad y el tenor inspirador de sus comentarios. El método era nuevo para mí y. aunque me asombraba mi propia respuesta, sólo había integrado fragmentos dispersos de lo que ella había dicho.

Esta vez fue diferente. Esta vez realmente lo capté. Cuando expuso, fue como si sus palabras penetraran directamente en mi cerebro. Ahora entendí lo que Francine había descubierto en su paseo alrededor del lago: los componentes básicos de la terapia, cómo se encajan y cómo funcionan. Comprendí la profunda simplicidad que había contribuido a este profundo cambio en nuestra comprensión de la mente humana y la curación de sus traumas.

Esta comprensión se profundizaría y expandiría en los años venideros, permitiéndome contribuir con mis propias interpretaciones, mis propias técnicas, a lo que había iniciado Francine. Pero en esa sesión de Los Angeles, me sentí pleno de inspiración. El poder de EMDR ya no parecía un misterio (y ciertamente no era intimidatorio) sino una herramienta terapéutica mucho más potente que cualquier otra con la que me hubiese enfrentado. Y así gané nueva confianza en mi habilidad para manejarla.

Cuando regresé a casa, comencé a utilizar EMDR con todos mis pacientes nuevos y lo fui integrando gradualmente al tratamiento de mis otros pacientes. Dos meses después del viaje a Los Angeles, actué de facilitador en uno de los entrenamientos de la Parte 2 de la Dra. Shapiro y mi proceso de aprendizaje se elevó aún más. Me di cuenta que no tenía que desechar las teorías y técnicas que me habían servido durante años; podía integrar EMDR con un abordaje terapéutico psicodinámico. La Dra. Shapiro me había infundido no solamente sus ideas, sino también su habilidad para integrar la sabiduría ya existente y crear algo nuevo.

RALPH, EL PINTOR

Unas semanas después traté mi primer caso de trauma simple. Ralph era un hombre de treinta y seis años, de hablar suave, ojos azules, fornido, con cabello rubio claro. Su oficio era el de pintor de casas. Trabajando en el sótano de una residencia suburbana, un cable eléctrico pelado causó el incendio de unos recipientes de aguarrás cercanos a el. En segundos las llamas consumieron la habitación y sólo porque tuvo la buena suerte de estar parado cerca de la única ventana, Ralph pudo salir arrastrándose y salvarse.

A pesar de ello, había sufrido quemaduras severas e inhalado humo y tuvo que ser llevado de urgencia al hospital más cercano. Como si el trauma del incendio no hubiese sido suficiente, estuvo durante horas en el hospital sin recibir tratamiento, con dolores insoportables, actualizando sus peores temores de indefensión y abandono. Para él, la injusticia de esa situación era tan traumática como el fuego mismo.

A dos años de aquello, Ralph todavía apenas podía dormir o trabajar. Sus síntomas incluían estrés crónico y agudo, flashbacks, pesadillas, hipervigilancia e irritabilidad: el cóctel completo del Trastorno de Estrés Postraumático (TEPT). Para cuando el médico lo derivó a mí, Ralph había dado por perdida toda esperanza de recuperación emocional.

Su imagen del blanco era la visión, los sonidos y el olor de la explosión y la bola de fuego.

–Ahora estoy muerto –musitó.

El pánico que sentía en todo su cuerpo estaba fuera de la escala del SUDS.

Más tarde, contó que el trabajo con EMDR lo llevó a través de varios recuerdos sensoriales. Vio la erupción de la llamarada, oyó el crepitar, inhaló el olor acre, sintió el intenso calor y el impacto de verse levantado del suelo, se vio arrastrándose a través de la ventana, vio llegar la ambulancia y sintió el dolor cuando lo pusieron en la camilla; después vio, oyó y olió la sala de emergencias y la unidad de quemados en la que lo habían forzado a quedarse. No solamente recordaba el trauma, lo estaba *reviviendo*. Las imágenes de la sala de emergencias también le trajeron una serie de recuerdos de haber sido desatendido en su infancia.

Cuando finalmente las imágenes, olores y sonidos dejaron de brotar, le pedí que volviese al blanco inicial para ver qué elicitaba. ¡No surgió nada! El bombardeo sensorial había desaparecido. Su mente saltó por delante de su escape del sótano incendiado y esta vez sintió alivio.

–Tengo suerte de estar vivo –dijo.

Los sentimientos perturbadores y las cogniciones negativas ya no estaban; pero de no haber sido por EMDR, seguramente lo habrían atormentado por el resto de su vida.

Como la mayoría de mis pacientes, Ralph se retiró sin estar seguro de lo que había sucedido, sospechando que este respiro no duraría. Fijamos una cita para la semana siguiente y cuando regresó, contó que de hecho había dormido profundamente por primera vez desde el incendio, que no había experimentado pánico alguno (incluso bajó al sótano de un vecino para ver qué podía pasar: no pasó nada) y que estaba más animado de lo que había estado durante dos años.

Lo vi después unas pocas veces más, utilizando EMDR para ayudarlo a ajustarse a la pérdida abrupta de sus síntomas y poder seguir con su vida. Pero no fue necesario ningún trabajo posterior para aliviar residuos de su trauma; había quedado en su pasado, estaba libre de trauma.

La primera sesión con Ralph había durado una hora y media. En todo momento me sentí capaz, seguro de mí mismo y confiado en la maravillosa técnica que tuve el privilegio de adquirir. La suya estaba muy lejos de ser la experiencia traumática más severa que yo iba a enfrentar. En los próximos meses y años, persona tras persona fueron derivadas a mi consultorio, prácticamente destruidas por un incidente traumático, con la esperanza de que los ayudaría a sanarse. Una sorprendente cantidad de ellas resultaron ser maquinistas del ferrocarril.

Capítulo 4: Historias de los rieles

Cuando niño me fascinaban los automóviles y los trenes. A los tres años, podía identificar la marca de la mayoría de los automóviles por las insignias en sus carrocerías. En mi niñez, me causaba gran emoción sentarme en un automóvil en un cruce de ferrocarril o pararme al lado de las vías viendo pasar los trenes de carga. Primero saludaba con la mano al maquinista, luego contaba los vagones y leía los exóticos nombres en sus costados: Reading, Chesapeake y Ohio, Rock Island, Burlington, y así hasta que pasaba el último vagón. En mis fantasías yo iba en la cabina con el maquinista, rodando hacia lugares lejanos.

Siempre fue una ocasión especial viajar con mi familia en tren por Europa (y qué particularmente excitante era subir pendientes de casi cuarenta y cinco grados en los Alpes suizos e italianos) y en Colorado, donde en el Royal Gorge miraba el cielo y el paisaje a través del techo del coche panorámico, mientras rodábamos ruidosamente hacia lugares desconocidos.

Más adelante, entumecido por el aburrimiento de la escuela hebrea en Forest Hills, Queens, miraba desde la ventana los trenes de la Long Island Rail Road (LIRR), contando los vagones de pasajeros para divertirme. Los trenes me ofrecían fantasías de liberación de las restricciones y frustraciones de mi vida diaria.

Solamente más tarde, como terapeuta de trauma, llegué a comprender que la vida de un maquinista del ferrocarril está llena de peligros. Un tren es un arma poderosa; abre una brecha indiscriminada a través de cualquier cosa que se pone en su camino. Pero no elige a sus víctimas. Cada vez más, individuos desesperados ven los trenes como una manera de terminar con sus propias vidas. Irónicamente, muchos de los suicidios que involucraron a maquinistas que yo traté posteriormente, sucedieron en la misma línea férrea que pasaba cerca de mi escuela hebrea. Como adulto y como terapeuta, mis fantasías de convertirme en un maquinista de ferrocarril ya hacía rato que se habían perdido tras el horizonte. Pero con EMDR, me involucré íntimamente con los mismos maquinistas que en mi juventud me devolvían el saludo con sus manos, curando sus traumas ocupacionales y devolviéndoles sus esperanzas y sueños.

LOS TRAUMAS DE LOS MAQUINISTAS

Cuando una persona decide convertirse en maquinista de ferrocarril, él o, cada vez más, ella, no espera que la muerte violenta sea parte de su trabajo. Un policía o un bombero o alguien que presta servicios en unidades de emergencias médicas espera enfrentarse con muerte o lesiones graves, y cuando eso sucede, se conmueve pero no se sorprende. Los maquinistas de ferrocarril comprenden y aceptan la responsabilidad y el estrés propios de su trabajo, pero no anticipan encontrarse cara a cara con la muerte mientras están en sus cabinas.

Como maquinista, tu trabajo es manejar un tren, trasladando pasajeros o mercadería de un lugar a otro. Eres responsable por el confort de los pasajeros y por el cronograma del tren: estás a cargo. Que algún suicida o borracho o psicótico o fatalmente descuidado se materialice súbitamente delante de tu veloz locomotora y explote, literalmente, delante de tus ojos es una pesadilla de la que nunca te despiertas.

Imagínese usted mismo como un ejecutivo detrás de su escritorio, escribiendo tranquilamente un informe, cuando de repente y sin aviso aparece ante usted un hombre que, habiendo eludido a los guardias de seguridad del edificio y a su secretaria, choca de cabeza contra su escritorio, matándose instantáneamente y desparramando sesos y sangre por toda la habitación. Cierto es que el maquinista podría haber estado levemente mejor preparado que usted, pues es probable que más del 50 por ciento de todos los maquinistas se involucren, involuntariamente, con algún accidente o situación de peligro (Bob Franke, a quien conocerán ahora, ha sido un pionero en alertar a sus compañeros de la empresa LIRR sobre los peligros posibles), pero es seguro que su conmoción sería tan perdurable como la que usted sufriría. Hasta hace cinco años, el único recurso del maquinista hubiese sido la ya tradicional noche de bulla en la taberna local, y el bienintencionado consejo de sus colegas (todos miembros de una formidable fraternidad), de "sácatelo de la cabeza".

Hoy, puede recurrir a EMDR.

EMDR SANA A UN MAQUINISTA

El 21 de mayo de 1995, el periódico *Newsday* de Long Island traía la historia de un maquinista de la LIRR llamado Bob Franke, que había visto a una mujer embarazada próxima a las vías, cerca de la estación Patchogue. El artículo citaba sus palabras: "Venía caminando hacia mí. Se la veía triste. Parecía llevar el peso del mundo sobre sus hombros... Giró hacia las vías y apuró levemente el paso. Comencé a gritarle *¡No lo haga! ¡No lo haga!"*

Pero lo hizo: se tiró frente al tren. Justo antes de la una de la tarde del 29 de marzo, la mujer de 38 años terminó con su vida. Y Bob Franke todavía está luchando para sobrellevar el acto al que los maquinistas más le temen... La mujer de Patchogue fue la sexta persona en morir luego de haber sido embestida por un tren manejado por él, en sus casi 27 años en los controles...

–Todavía puedo ver el lugar donde la señora estaba parada– dijo. Todavía puedo oír el ruido de su cuerpo rodando bajo el tren.

Hacía ya dos años que yo utilizaba EMDR con pacientes. Nunca había trabajado con un maquinista ni con un caso que involucrara seis traumas puntuales, pero a medida que leía la historia, pensé: *Apuesto a que puedo ayudarlo.* El artículo hablaba sobre el trastorno de estrés post traumático. Yo lo había encontrado en muchos de mis pacientes; estaba seguro que así como EMDR había sido efectivo para ellos, lo iba a ser también para Bob Franke.

Por razones de confianza y corrección, vacilaba en contactarme con él directamente, por lo que llamé al director consejero del programa de LIRR de asistencia al empleado pidiéndole si podía contactarme con Bob. El programa existía hacía muchos años y estaba trabajando cada vez más frecuentemente con maquinistas involucrados en fatalidades. Unas veinte personas por año se suicidaban saltando frente a trenes de la LIRR, amén de las muertes y heridas causadas por automóviles atorados en los rieles o niños jugando en las vías. El director me dijo que había oído sobre EMDR y creía que había sido utilizado esporádicamente en algunos casos antes, pero que no sabía de los resultados. Estaba muy dispuesto a derivármelo; si el maquinista accedía, lo podría ver.

Bob accedió.

Hicimos una cita para la mañana del domingo siguiente, pues yo quería tener todo el tiempo necesario para atender lo que pudiera pasar. De todas maneras, antes de encontrarme con Bob investigué algunos puntos y reflexioné sobre varios aspectos.

Los ferrocarriles datan de principios del 1800 y la gente ha estado muriendo frente a ellos durante todo ese tiempo. Un maquinista se sienta al frente de miles de toneladas de acero, viajando muchas veces a más de ciento veinte kilómetros por hora. A diferencia de un conductor de automóvil, el maquinista no puede desviarse para evitar una colisión ni apretar los frenos a fondo para evitar un impacto. En cambio, ante un peligro el maquinista hace sonar la sirena y luego "suelta" el tren, quitando sus manos del acelerador, lo que automáticamente activa el freno de emergencia. Generalmente, un tren a velocidad de crucero necesita por lo menos quinientos metros para parar y para ese momento ya es demasiado tarde, en especial si las vías entran en una curva, si el clima es inclemente o la víctima salta repentinamente sobre las vías *deseando* ser embestida. Aun cuando el tren no puede frenar en forma abrupta, es común que los maquinistas irracionalmente se culpen a sí mismos por no reaccionar a tiempo, por no actuar antes, por tener reflejos demasiados lentos o vista poco aguda. Esta es una creencia negativa, distorsionada, pero ningún maquinista con el que yo trabajé está al principio libre de ella. Un conductor de automóvil puede elegir un camino diferente; en cambio un maquinista de ferrocarril debe volver al lugar del accidente a diario. Manejar ese tren es el *trabajo* del maquinista.

Sabía que el caso de Bob sería el más difícil que había enfrentado hasta entonces, no sólo por la *cantidad* de traumas, sino también porque los incidentes abarcaban un período muy largo de tiempo.

Pero si yo estaba entrando en un territorio sin mapa, al menos había desarrollado suficientes destrezas que me ayudarían a navegar. Lo único que Bob tenía eran recuerdos, dolor y un deseo de mejorarse.

Cuando llegué al edificio de mi consultorio ese domingo, Bob ya estaba esperando, sentado en su automóvil estacionado. Era un hombre grande, hosco, de cincuenta años largos, de cabello marrón rojizo y un bigote hirsuto que me recordaba al actor Wilford Brimley, de un famoso comercial de *Oat Bran*. Llevaba vaqueros y una camisa de franela sobre una camisa de trabajo y aunque evidentemente se sentía incómodo, había una sonrisa en sus ojos cuando nos estrechamos las manos. Su voz era brusca y hablaba con una intensidad que me resultó atrayente, aunque un poco intimidante. Después supe que su exterior áspero cubría un corazón que sus colegas describían, con gran afecto, como "sensiblero".

Nos observamos uno al otro con cautela. Bob desconfiaba de mí. Supongo que en su mente yo era un universitario de elite (no era cierto), rico (no era cierto), incapaz de relacionarme con él o comprender sus sentimientos (no era cierto).

–Al principio pensé que usted era el tipo de hombre para el cual yo podría terminar trabajando –me dijo Bob algunos meses después de la sesión–. Pensé que no le importaba.

Y desde el primer momento anticipó, que aunque no le iba a cobrar: "nada es gratis en la vida". Rápidamente llegué a saber que los maquinistas son una raza especial, orgullosa de su profesión y de su tradición, con su propio lenguaje y una camaradería especial: Casey Jones[5] no los ha idealizado. Bob cabía perfectamente en ese molde.

Primero le pregunté por la secuencia cronológica de los traumas y luego le tomé una pormenorizada historia personal. Era el mayor de siete hijos y desde pequeño había cuidado de ellos, un rol que le gustaba y lo había trasladado a sus colegas maquinistas, sus "hermanos".

–Me buscan como consejero – me dijo, relatando el hecho sin alardear.

Al igual que todos los maquinistas noveles que tienen un incidente fatal al frente de sus trenes, había sido incorporado a la fraternidad a través de la "mediación", un ritual semejante al "ensayo de coro" de la policía, en el cual al sujeto se lo lleva a beber y olvidar. Pero Bob había dejado de tomar mucho antes que sucediese el primero de los seis accidentes que lo hicieron venir a verme. Le pregunté por sus síntomas.

Tenía terribles flashbacks, me dijo, en los que podía ver cada detalle de cada accidente con tanta claridad como cuando habían sucedido. Tenía miedo de dormir por temor a las pesadillas y sufría frecuentes ataques de ansiedad y pánico. Quizás lo peor de todo era su sensación de que en cualquier momento iba a suceder

---

[5] NT: el autor alude a una popular canción de fines de la década de los '70, *Casey Jones* de los *Grateful Dead*.

otro accidente. Le daba miedo realizar el trabajo para el cual era un experto y estaba considerando dejarlo totalmente, para buscar un trabajo "menos peligroso", quizás como carnicero, su profesión anterior.

Todos estos síntomas eran consistentes con los síntomas del Trastorno de Estrés Post traumático (otros son retraumatización, hiperalerta, irritabilidad, indiferencia y poca capacidad de concentración), de lo que yo sabía más que suficiente. También sabía que el TEPT podía ser resuelto con EMDR. Pero, ¿podía ser curado en un hombre que había pasado por tantos traumas y había sido forzado, por la naturaleza de su profesión, a volver a esos sitios casi a diario?

–Mi esposa quiere saber si me va a convertir en un hombre nuevo –me dijo bromeando, en parte para probar mi reacción y en parte para liberar su nerviosismo por el tratamiento desconocido que iba a recibir.

– ¿Quién sabe? Quizás le devuelva el antiguo – le respondí– el de antes de los accidentes, sólo que ahora un poco mayor y más sabio.

Mi consultorio tiene un sofá, tres sillas y un escritorio con recuerdos de algunos de mis pacientes, como pisapapeles y retratos. Nos sentamos uno frente al otro a través del escritorio.

– ¿Con qué quiere comenzar? ¿Con el más reciente, el primero o el peor de los accidentes? – lo guié con mis preguntas.

–El más reciente –decidió; y procedió a describírmelo.

–Había un adolescente –más tarde supimos que era retrasado– parado sobre las vías. O no escuchó venir el tren o simplemente no le importó. Tenía su espalda hacia el tren. El tren lo chocó y él desapareció, salió volando para algún lado, y lo único que yo sabía era que lo había chocado, pero no sabía si estaba muerto o dónde había caído. Paré el tren, pareció tardar una eternidad, y aunque sé que las reglas del ferrocarril dicen que no era mi obligación, salté del tren y me puse a buscar al muchacho en el bosque que nos rodeaba. ¿Quién no lo hubiera hecho? Quería ver si podía hacer algo. Cualquier cosa.

El guarda estaba conmigo, y casi enseguida encontramos al muchacho, a más de diez metros de los matorrales. Increíblemente, vivo aún pero sangrando y sangrando, como si tuviese más sangre adentro de lo que su cuerpo podía contener. Tenía la mitad de sus glúteos cortados. Sabía que estaba vivo aunque no estaba gritando ni nada; debía estar en estado de conmoción. De todas maneras, corrí al tren a pedir auxilio y conseguirle una manta, y lo cubrimos y esperamos hasta que llegaron los paramédicos. Vinieron muy rápidamente, lo que probablemente le salvó la vida.

Hizo una pausa momentánea:

–Y después... después. La policía vino e hizo su trabajo, que es hacer un montón de preguntas y hacerme contar toda la historia del comienzo al final, una y otra vez. Lo terrible fue que tuve que revivir todo inmediatamente, recordarlo todo, mientras todavía estaba totalmente aturdido; no tenía capacidad de manejar nada. Todo lo que quería hacer era irme a casa, pero incluso eso fue duro–. Bob narró su historia con voz entrecortada, pero con una inmensa intensidad y pasión.

Era el momento de aplicar el protocolo:

– ¿Cuál es la peor imagen que lo acompaña de esa experiencia?

–El muchacho parado sobre las vías con su espalda vuelta hacia mí –dijo sin dudarlo.

– ¿Hay sonidos u olores que acompañen esa imagen?

–Sí, el golpazo cuando lo chocó el tren.

– ¿Cuál es su creencia negativa sobre usted mismo en relación al accidente?

Me miró bien de frente y me dijo con toda seriedad:

–Soy una persona terrible. Tengo la culpa.

A pesar de toda la evidencia en contrario, mantenía el pensamiento irracional de que era responsable de haber embestido al muchacho con su tren. En verdad, la creencia "soy un asesino" lo había rondado desde el primer accidente fatal y se reforzaba con los siguientes. El peso de la auto-recriminación durante todos esos años se había convertido en algo terrible de soportar.

Medimos su nivel de SUDS: como era de esperar, 10. ¿En qué parte de su cuerpo lo sentía?

–Por todos lados.

En esa época, para hacer la estimulación bilateral yo utilizaba una barrita de luces (en la que las luces se prenden y apagan en una secuencia, moviéndose de izquierda a derecha y a la inversa) en lugar del sonido que generalmente utilizo ahora. Bob miraba las luces fijamente, como queriendo derretirlas con sus ojos.

La frescura de un trauma determina la velocidad con que aparece en la mente del paciente. Cuando se utiliza EMDR muy poco tiempo después de un evento, el paciente lo ve casi cuadro por cuadro, como si estuviese sosteniendo una tira de película a la luz. El incidente de Bob había sucedido hacía apenas dos meses, y a medida que lo procesaba, las imágenes se movían secuencialmente en su memoria. Había comenzado a integrarse, lo que hacía al recuerdo menos intenso, aunque aún pernicioso. A menos que se lo trabaje, el trauma puede persistir indefinidamente, reapareciendo en sueños, como depresión o como ataques de pánico.

Después que Bob pareció haber procesado el incidente completamente, lo llevé de vuelta a la imagen del blanco. La imagen había disminuido. Le pedí a Bob que continuase diciéndole:

– Fíjese qué sucede cuando comienza ahora con la imagen unida a la creencia *Soy una persona terrible. Tengo la culpa.*

Bob volvió a mover sus ojos a izquierda y derecha, siguiendo el recorrido de las luces de un lado a otro en la barra. Lo dejé continuar por tres minutos hasta que una expresión de determinación apareció en su cara.

– ¿A qué llegó? – le pregunté.

–Mi mente pasó revista a todo y casi no queda nada. No había sonidos, imágenes muy desdibujadas, poca emoción. Mi cuerpo se siente relajado. ¡Me di cuenta que no sólo no soy responsable, sino que probablemente salvé la vida del muchacho!

– ¡Siga con eso!

Después de dos minutos más con las luces moviéndose, Bob habló nuevamente, esta vez con lágrimas en sus ojos:

–Ya pasó. Está en el pasado. Ahora puedo continuar.

–Así es –dije, conmovido–; ahora puede continuar.

En media hora habíamos vencido un trauma. Todavía quedaban cinco más. Ya que el primer procesamiento había dado tan buen resultado, alenté a Bob a ir inmediatamente a los otros. Suspenderíamos sólo si se cansaba o no lograba progresar.

Volvimos al primer accidente, que había sucedido hacía quince años. Tres muchachos adolescentes habían estado jugando sobre las vías. Uno de ellos se había acostado a través, como un personaje salido de *Los peligros de Pauline*, con la cabeza sobresaliendo por un costado y los pies por el otro, pero no estaba atado a las vías. Sus amigos aparentemente lo habían dejado allí y él se había dormido... El tren decapitó al muchacho y le cortó las piernas completamente. Murió instantáneamente.

A pesar que habían pasado tantos años y que la muerte del muchacho era tan evidentemente accidental, el recuerdo todavía era un golpe fuerte para Bob. Fue aún más sorprendente que el recuerdo fuese procesado en menos de quince minutos. ¡No permanecieron ni imágenes, ni sonido alguno, ni creencias negativas, ni angustias emocionales o corporales!

El próximo hecho, todavía no "el peor", pero obviamente mucho más difícil, involucraba un suicidio. Era el caso que había llamado la atención del *Newsday* de Long Island.

–Había una figura sobre las vías –contó–. Al principio no pude saber si era un hombre o una mujer, pero seguía caminando *hacia* el tren, y muy pronto –pero muy tarde- pude darme cuenta de que era una mujer, una mujer embarazada. ¡Por Dios, David, era parecida a mi hija! Se arrodilló sobre las vías y miró hacia mí. Pude ver sus ojos. Yo estaba tratando de parar el tren desesperadamente, pero por supuesto que no pude. Me miró a los ojos, como si quisiese que yo sintiera su sufrimiento y después estaba bajo el tren. Podía oír el ruido de eso. No había manera de parar el tren –dijo con voz ahogada–. *¡No había manera de parar el tren!*

A veces, las personas que toman pastillas o se cortan las muñecas están, en realidad, "experimentando" con el suicidio, divididos entre el desear la muerte y al mismo tiempo esperando ser rescatados. La ambivalencia se puede ver en el hombre que amenaza saltar de lo alto de un edificio o en la mujer que a propósito tira su automóvil fuera del camino. Pero en este caso, era claro que la víctima no tenía dudas. Sus actos mostraron total certeza; no había nada que Bob o alguien más pudiera haber hecho para detenerla.

Le pregunté cuál era la peor imagen.

–Verla sobre las vías. Darme cuenta de que estaba

embarazada. El encuentro de las miradas.

– ¿Y la creencia negativa?

Similar a las otras: –Soy un asesino.

Constantemente me sorprende cómo el trauma distorsiona el pensamiento de gente que en otras circunstancias es razonable. La mujer *quería* morir. No había posibilidad que Bob parase ese tren. Su culpabilidad en la muerte de la mujer no era mayor que la mía o la de cualquiera.

Nuevamente, sus emociones eran horror y culpa. El nivel de perturbación estaba nuevamente en 10, al tope de la escala. Sentía rigidez desde la garganta hasta el estómago, pasando por su pecho.

Pese al horror de este recuerdo, ¡lo procesó en cinco minutos! La imagen perdió su color, los sonidos se disiparon y las sensaciones físicas asociadas aflojaron y finalmente desaparecieron. El "momentum" se iba armando a medida que cada trauma remanente era barrido. Durante su recorrido, Bob había viajado a través de capa tras capa de emoción. Luego del temor y la culpa inicial, apareció el enojo con la mujer por haberle endilgado su suicidio, lo que llevó a que emergiesen empatía y tristeza.

–Me siento triste –me dijo, y en efecto, sus ojos se humedecieron–. Esa pobre mujer. Matarse así. Ojalá hubiese podido hacer algo para prevenirlo, pero no se corrió cuando toqué la sirena. Quería matarse. Hice todo lo que podía.

Llegamos entonces a la peor de las tragedias, un hecho que había sucedido dos años antes de visitarme. Era una noche nevada y gélida. Un automóvil quedó detenido en un cruce del ferrocarril, justo sobre una cuesta, lo que limitaba la visibilidad de Bob, y su tren lo enganchó de costado. El automóvil explotó y pequeñas esquirlas de metal volaron hacia el tren, poniendo la propia vida de Bob en peligro. Pero él no pensó en su seguridad. No solamente oyó el ruido de la explosión sino también gritos agudos. Había gente en el automóvil cuando fue embestido. ¡Niños pequeños!

Pudo detener el tren quinientos metros más adelante, y corrió hasta el automóvil, que todavía estaba ardiendo. El equipo de emergencias había arribado y Bob pudo verlos retirar cuerpos –no, en realidad *partes* de cuerpos– de los restos del auto. Pudo distinguir un pequeño brazo, un pie. Podía oler la carne quemada. Había un padre y dos niños, de uno y tres años, dentro del automóvil. Todos habían sido incinerados. Bob contó que observó la pesadilla como desde fuera de su cuerpo.

–No terminó allí –prosiguió–. La familia nos demandó al ferrocarril y a mí. Tuve que ir a dos audiencias distintas, responder preguntas de tres abogados diferentes. De hecho, estoy citado para otra audiencia en la corte el mes próximo, ¡dos años después! Cada vez que testifico, me tratan como a un criminal. El sindicato me apoyó; todos mis compañeros están de mi lado. Ellos saben que no podía prevenir el choque–... Su voz se perdió y levantó su cabeza para mirarme.

–Es el olor –me dijo–. Aún hoy, después de todos estos meses, no puedo acercarme a un asador.

Cuando Bob finalizó, mi primer sentimiento fue asombro por su capacidad para continuar con su trabajo. Nunca antes me había encontrado con un trauma de esa magnitud (aunque iba a tratar con muchos más en los años venideros). Tenía confianza en que EMDR ayudaría a Bob a sobreponerse a sus efectos, pero también me embargaba respeto y admiración por el espíritu humano que puede perseverar frente a tan indescriptible tragedia.

Esta vez sólo le llevó a Bob quince minutos procesar el material: las imágenes, los sonidos, los olores, la culpa, el horror y las creencias distorsionadas, todo se desvaneció. Bob estaba imbuido de una nueva determinación emocional.

–Esos tipos, todos esos abogados, son una mierda –dijo furioso–. Puedo enfrentarlos en la corte porque no actué mal. Si creen que lo hice, si tan sólo lo llegan a sugerir, ¡tendrán que enfrentarse a un maquinista furioso!

Los otros tres accidentes pendientes nos llevaron sólo cinco minutos cada uno. En total, habíamos estado juntos por no más de tres horas. Bob se fue con una sensación de alegría y una última preocupación.

–Me siento muy bien –me dijo mientras nos dábamos la mano en la puerta–. ¿Pero todo volverá otra vez? ¿Los recuerdos se han ido para siempre? Habíamos logrado tanto en tan poco tiempo que yo no estaba muy seguro de los efectos posteriores.

–Veremos – dije–. El tiempo lo dirá. Pero es muy posible que su esposa reciba de vuelta al viejo Bob Franke.

Tres días más tarde me telefoneó.

–Sucedió lo más increíble – su voz sonaba viva de regocijo–. Estaba de maquinista en mi ruta habitual, de ida y vuelta de Patchogue a Jamaica. Pero no fue hasta que iba manejando a casa luego de mi ronda, que me di cuenta. Había pasado por todos esos puntos, esos lugares donde habían sucedido los accidentes, y no tuve ningún flashback, ni uno. Ni siquiera pensé en ellos. Y en el automóvil, cuando traté de recordarlos, no pude. –Se rió–. Y en el *Memorial Day*, ¿adivine qué hicimos con mi esposa y mis hijos?

Yo estaba sonriendo e intensamente feliz: –No puedo imaginármelo.

–Pues, fuimos a una barbacoa.

En los años que siguieron a nuestra sesión, he visto a Bob a menudo. Se ha convertido en uno de mis mejores amigos, y nuestras familias intiman. Hemos trabajado como equipo para ayudar a otros maquinistas que fueron víctimas de traumas similares a los suyos; más de cien casos. Él establece el contacto con el maquinista y le explica el tratamiento y cómo ayudó a tantos colegas; luego le pregunta si está bien que su amigo David lo llame y le explique más. Por ser tan respetado y apreciado por sus pares, puede abrirme la puerta para que yo pueda ayudar. Aunque parezca increíble, algunos pocos casos han sido más difíciles que los de Bob y algunos han llevado más tiempo, pero al final, los resultados han sido los mismos.

Hace poco me entrevisté con el presidente de la Fraternidad Internacional de Maquinistas Ferroviarios, que abarca Canadá, Estados Unidos y México, para comenzar un proyecto a fin de que los maquinistas de Norteamérica que lo necesiten, tengan acceso a EMDR. Todavía es una lucha lograr que EMDR sea aceptado por los sindicatos, la Asociación Federal de Ferrocarriles (que *hace hincapié* en la seguridad), las aseguradoras y las mismas compañías ferroviarias, quienes muchas veces toman a los maquinistas como componentes intercambiables. Pero estamos haciendo progresos firmes. Y todo comenzó con una sesión con Bob, un domingo en mi consultorio.

Hace dos años Bob tuvo un accidente automovilístico que le produjo una severa lesión en la cabeza. Sus colegas estaban muy conmovidos y se agruparon a su alrededor en una demostración de afecto que muchas veces me hizo llorar. Se repuso lentamente y se ha recuperado en un 98 por ciento, pero se retiró de manejar trenes y pasa una buena parte de su tiempo dispuesto a guiar y contener a sus colegas maquinistas, especialmente, preparando a los recién llegados para los traumas que muy seguramente encontrarán. Hoy en día, este hombre tan querido, que era tan socialmente torpe cuando recién lo conocí, da conferencias que terminan con una ovación. Trato de elogiarlo por lo que hace.

–No sé qué responderte – me dice tímidamente.

–La respuesta usual a un cumplido es gracias – le contesto con fingida seriedad.

Por referencias de Bob Franke, fui viendo más y más maquinistas durante mi práctica. Todos ellos son dignos de recordar, sin embargo, tres casos (además del de Bob) permanecen vívidos; dos de ellos, quizás por la gran atención mediática que tuvieron; el tercero, por la complejidad de los hechos.

EMDR AYUDA A MÁS MAQUINISTAS
BILL, STEVE Y CHIP: vías de trauma entrecruzadas

Bill vino a verme por lo que he llegado a considerar el trauma estándar del "suicidio frente al tren". En este caso, un hombre en sus cuarenta, salió de entre los matorrales y saltó frente a la máquina cuando ésta se desplazaba a toda velocidad. Hill tenía cincuenta y cinco años, medía casi un metro ochenta, era delgado y musculoso, con cabello entrecano y a pesar de su status de veterano, éste era su primer accidente. El guarda del tren, un hombre llamado Tommy, estaba a la sazón con él en la locomotora cuando el tren colisionó con el hombre y el incidente los había unido a tal extremo, que vinieron juntos a solicitar tratamiento. Respeté este pedido tan inusual; restablecer la capacidad de elección y control es fundamental en la cura del trauma.

En una sesión de dos horas, EMDR alivió a ambos de sus traumas. Sus imágenes se diluyeron; su convicción de que el accidente fue culpa de ellos perdió fuerza; la tragedia pasó de causar síntomas activos de trauma a ser integrada como un recuerdo.

Se retiraron inmensamente aliviados y una sesión de seguimiento una semana más tarde los ayudó a reforzar sus logros. Un mes después recibí una carta de Bill agradeciéndome por mi ayuda en los términos más emotivos; el mismo día, recibí una llamada de su esposa, quien me dijo que Bill estaba sanado y que había recuperado al hombre que amaba. Cuando los encontré en la cena de gala anual de los maquinistas al año siguiente, Bill se había retirado, se habían mudado a Vermont y llevaban una vida feliz, relativamente tranquila, plena de cariño. Pero antes que Bill se retirase, nuestros caminos se volverían a cruzar.

A los seis meses de haber terminado el tratamiento de Bill, Steve vino a verme con una historia completamente diferente a la anterior. Steve era un veterano de Vietnam que había participado en duros combates durante sus dos años en la jungla. Era un hombre alto, de estructura grande, con cabello rojo fuego y una cara rubicunda; el tipo de hombre rudo con quien uno no desearía cruzarse si lo encuentra de mal humor. Era empleado de LIRR, aunque no maquinista, y me contó que había estado trabajando cerca de las vías cuando un tren pasó rápidamente, a ciento veinte kilómetros por hora, levantando deshechos. Un tarro de pintura vacío le había abierto el brazo y el hombro y lo había volteado.

Apenas se supo del accidente de Steve, la empresa clausuró la línea en ambas direcciones hasta que pudiese ser socorrido. Steve quedó tendido entre las vías, aturdido y semiconsciente, esperando atención médica. Nadie pudo prever que cuando el helicóptero sanitario vino a evacuar a Steve, el sonido de las hélices dispararía en él un flashback de una guerra en la jungla, treinta años atrás al otro lado del mundo. Steve entró en pánico, y llevó casi una hora calmarlo y trasladarlo a una ambulancia que lo esperaba.

No me sorprendió oír la reacción de Steve. Si un área del sistema nervioso que ha sido congelada con un trauma sin procesar es reactivada por otro trauma (aun décadas después), la víctima puede revivir su experiencia como si le estuviese sucediendo en ese momento. Aunque pueda sonar como una alucinación (un síntoma de psicosis), es en realidad una reacción neurofisiológica ante un evento disparador. La persona siente, oye y huele el trauma original. Es aterrador; uno cae en un infierno del que creía haber escapado hace años. A veces, la persona que sufre puede mantener cierta conciencia de que lo que le pasa no está sucediendo en la realidad, pero a veces la disociación es total y el trauma pasado reemplaza la realidad del momento.

Yo pude guiar a Steve a través del trauma ferroviario en dos sesiones de dos horas, pero trabajamos mucho más tiempo con sus experiencias en Vietnam y el daño que le habían causado en la relación con su esposa y sus hijos. Durante cuatro meses mantuvimos sesiones semanales de noventa minutos, a medida que Steve lentamente sanaba de un sufrimiento que había supuesto iba a soportar por el resto de su vida. Durante intervalos de la terapia, descubrimos que ambos éramos viejos *fans* de la serie *Los Mieleros*, de Jackie Gleason. Cuando dejaba mi oficina luego de una sesión particularmente estresante, Steve me hacía el clásico saludo de Ralph Kramden:

–Woo-woo –decía, moviendo una imaginaria cola de mapache de un gorro imaginario.

–Woo-woo –le contestaba yo.

En una ocasión, Steve llegó llorando para su sesión. Su amado "hermanito" Chip (el hermano más débil, nunca casado, que todavía convivía con su madre, un alma gentil y buena) había sido atropellado por un tren y estaba al borde de la muerte en un hospital de Long Island.

Yo había leído el reporte del accidente en mi periódico matutino (el *Newsday* de Long Island), pero no tenía idea de que el hombre herido era el hermano de Steve. La conmoción de la noticia, y sus posibles repercusiones para el tratamiento de Steve, me dejaron temporalmente anonadado.

Chip era un empleado de mantenimiento en LIRR, destinado en Brooklyn, y al regresar a su casa en Long Island había comenzado a cruzar las vías en la estación para llegar hasta su automóvil. Miró a la izquierda, vio un tren a lo lejos que se aproximaba a la estación y siguió su camino. Pero nunca miró a la derecha, y quedó frente a un tren que se le abalanzaba a ciento veinte kilómetros por hora. Embestido de costado, quedó tirado a diez metros, con trauma craneal y múltiples fracturas. Fue hospitalizado en estado de coma; los médicos le daban menos del 50 por ciento de probabilidades de sobrevivir.

Enfurecido, Steve atronaba por mi oficina como un tren fugitivo.

– ¡Ese desgraciado de maquinista! ¿Cómo diablos no pudo ver a mi hermano? ¿Por qué no hizo sonar la sirena o "soltó" el tren?

Sus lágrimas eran una mezcla de dolor y furia.

No podía comprender que el accidente no era culpa del maquinista. EMDR ayudó considerablemente, pero Steve no podía procesar completamente este nuevo trauma, ya que su desenlace no estaba aun resuelto. No había manera de aligerar el suspenso; solamente el tiempo revelaría el destino de Chip. Hicimos lo mejor posible: pudo calmarse y rezar por su hermano, pero sabíamos que faltaba mucho trabajo. Accedió a mantenerme informado del estado de Chip y se fue de nuestra entrevista demasiado perturbado para el tradicional "woo-woo".

Al día siguiente recibí un llamado. Había estado esperando saber de Steve, pero era Bill.

–Tengo que verlo –dijo.

En un instante junté las piezas. Sin que me lo dijera, sabía el motivo de su llamada. Al día siguiente, un Bill angustiado llegó a la oficina.

–Atropellé a otro hombre – dijo, utilizando una frase que ya había notado antes en otros maquinistas. Era *él*, no el tren quien había atropellado a un hombre.

Mostré mi interés y empatía:

–Cuénteme todo.

–Era un empleado del ferrocarril, uno de los nuestros, cruzando las vías. Hay una curva llegando a la estación –mi tren no para allí- e hice sonar la sirena como siempre. Pero él no reaccionó y pasó justo frente al tren. Un paso más y le habría dado de lleno, pero ya es suficiente desgracia que lo toqué de costado. Ese golpe horrible todavía resuena en mis oídos. No saben si va a vivir.

Al tratar un segundo trauma, hay algún efecto remanente del primer tratamiento. Aunque era dudoso el desenlace del accidente, sólo llevó dos sesiones de una hora aliviar el TEPT de Bill. Una sesión de seguimiento unos meses más tarde reveló que todas las emociones traumáticas de este segundo accidente permanecían resueltas.

Mientras tanto, continué trabajando con Steve. Tuve que contener el impulso de decirle: –Sé quién manejaba el tren que atropelló a su hermano, y no fue culpa del maquinista. De haberlo hecho, hubiese sido tanto una violación de la confidencialidad doctor-paciente como un error clínico. Las emociones de Steve estaban aún demasiado frescas para permitirle ponerse en el lugar del maquinista, y hubiese interpretado mi trabajo con Bill como una traición emocional. Al tratar a Steve tuve que dejar de lado todo lo que sabía sobre Bill y su angustia. Y tuve que empatizar con la furia de Steve hacia un hombre por el que yo sentía total simpatía. Me hallaba en una posición extraordinaria y me preguntaba si algún terapeuta había experimentado algo semejante. La encontraba perturbadora y deseaba no enfrentarme pronto con otro grupo de coincidencias semejantes.

Milagrosamente, los rezos de Steve fueron oídos; Chip se recuperó gradualmente. Con estas buenas noticias, Steve pudo liberarse progresivamente de los efectos de su TEPT. Luego de unos seis meses, su tratamiento había finalizado. Su furia se había disipado, sus flashbacks habían desaparecido y había perdonado al maquinista. Tenía el control de su propia vida y no los horrores que había presenciado y sufrido. Volví mi atención a otros casos. Cada tanto me preguntaba cómo estaría Steve. El triple golpe de sus traumas (Vietnam, el tarro de pintura, el hermano) no eran problemas pequeños para soportar, a pesar de EMDR.

Dos años más tarde, mi esposa Nina y yo estábamos entrando a un restaurante japonés del vecindario cuando se abrió la puerta y salieron dos hombres, uno fornido sosteniendo a otro, que se apoyaba en un bastón. No reconocí a ninguno de ellos en la calle oscura, pero el hombre más grande me reconoció. Llevó su mano hacia atrás de su cabeza y agitó una imaginaria cola de mapache.

–Woo-woo – gritó.

–Woo-woo –respondí y Steve y yo nos abrazamos.

–Quiero que conozca a mi hermano –dijo. Estreché manos con Chip, que sonreía a su lado.

–Le conté cómo usted me salvó la vida – continuó Steve–. Quizás pueda ayudarlo a él alguna vez. Todavía está conmovido por el accidente.

– ¿Quiere venir a mi consultorio?–le pregunté a Chip.

Dudó, y luego dijo:

– ¿Por qué no?

Así fue que comencé a tratar al tercer hombre de un extraño triángulo de muerte y heridas en las vías. Chip tenía problemas para recordar exactamente qué le había sucedido (era difícil saber cuánto de su amnesia era física, y cuánto psicológica), pero en distintos momentos el impacto emocional del accidente lo superaba y lloraba intensamente. El amor, el apoyo y los rezos de su familia, particularmente de Steve, lo habían ayudado mucho y en tres meses de sesiones dobles estaba bien encaminado hacia su curación. Parte de su memoria también retornó. El sonido de una sirena de tren continuaba persiguiéndolo y no podía acercarse a un cruce de vías con su automóvil sin experimentar una ansiedad abrumadora, temiendo que un automóvil lo empujase sobre las vías desde atrás. Con el tiempo, tras continuas focalizaciones en estos síntomas resistentes, también desaparecieron. Una vez completado su tratamiento, pudo retornar a la casa de su madre en un estado mental mucho más sano.

Mientras tanto, Steve se jubiló y se mudó a Atlanta. Me llamó un día para contarme que Chip estaba con él y me agradeció la ayuda que les había proporcionado a ambos. Cuando colgó yo estaba exultante, casi mareado. Instintivamente puse la mano detrás de mi cabeza y levanté los dedos.

–Woo-woo –pensé y le abrí la puerta a mi próximo paciente.

ERIC: LA FAMILIA BAJO EL FOCO

Hacia 1998, tratar a maquinistas de ferrocarril se había convertido en una especialidad mía. No solamente venían a mí (muchas veces presentados por Bob Franke), sino que a veces yo los buscaba. Nunca los abordé directamente: utilizaba mis contactos con la fraternidad de maquinistas para hacerles saber que estaba disponible. Así, cuando leí la terrible noticia de que un tren había atropellado y matado a una mujer y sus tres hijos pequeños, sabía que el maquinista (un hombre llamado Eric) estaría desvastado y usé mis contactos para tratar de acercarme. (Los maquinistas llevan cuenta de los "peores incidentes" y Eric estaba entre los primeros de la lista). Sin quererlo, el hermano de Eric reforzó mi decisión cuando dijo en una entrevista radial:

–Nunca va a ser el mismo. La imagen va a seguirlo para siempre.

Su comentario reforzó mi decisión de encontrar a Eric. Dada la oportunidad, sabía que lo podía ayudar a liberarse de la imagen.

Me llegó la noticia de que Eric estaba recibiendo ayuda y que andaba bien. Pero a los tres meses, el presidente de su sindicato local me telefoneó. ¿Podía verlo a Eric? *¿Podía?* Dejé mi mañana libre, sin saber cuánto tiempo sería necesario y el presidente del sindicato lo acompañó y aguardó sentado pacientemente en la sala de espera hasta que finalizó la sesión.

Eric me contó los detalles con bastante calma, aunque obviamente se encontraba bajo una gran presión interna. El accidente había ocurrido de noche, y la imagen espeluznante de las luces del tren iluminando súbitamente a la mujer y los niños parados de espaldas a él sobre las vías, lo atormentaba. Se preguntaba si era suicidio o un accidente, como dijeron los periódicos. Creyó que había superado lo peor por sí mismo, pero una noche tuvo una pesadilla donde vio cuatro cabezas fantasmales acercársele con voces quejumbrosas. Al día siguiente, cuando trepó a la cabina y se sentó frente a los controles, comenzó a temblar descontroladamente. Le siguió un ataque de pánico tan severo que tuvieron que ayudarlo a bajarse de la máquina. Este incidente le resultaba lo suficientemente aterrador como para solicitar más ayuda.

Cuando comenzamos con EMDR, Eric quedó trabado con una imagen congelada: la mujer y los niños en la tenue luz del foco de la máquina. Pero luego la imagen fue suplantada por otra, luego por otra. La mujer y los niños. Los cuerpos explotando. La visión y el olor de la sangre. El sonido de gritos y el rechinar de los frenos, seguido de un silencio sepulcral.

Eric también tenía recuerdos de lo que siguió luego, cuando la policía lo interrogó. Sabía que ése era su trabajo, pero se sintió como la víctima de un asalto acusada del delito.

Nuestra sesión de EMDR duró dos horas y media. Al acercarse a la resolución, Eric vio las tenues imágenes de las cuatro víctimas elevarse pacíficamente al cielo. Oyó voces etéreas diciendo: "ahora estamos con Dios." Todo había concluido; su escala de SUDS era cero y su mente, cuerpo y espíritu estaban calmados. Por asombroso que parezca, cuando retornó una semana más tarde para un seguimiento, no pudimos encontrar trauma remanente, aunque busqué insistentemente algún signo. Había pasado por la escena del accidente, había rezado sin tener flashbacks y había seguido con su vida.

MAX: CARNICERÍA EN LONG ISLAND

El 7 de diciembre de 1993, el tren número 1256, de las 5:33 p.m. partió desde la estación Pennsylvania para su ronda suburbana del atardecer. Entre las estaciones de New Hyde Park y Merillon, un hombre llamado Colin Ferguson, sentado en el tercer vagón se incorporó, sacó un arma automática, y comenzó a disparar a los pasajeros al azar, abriéndose camino sistemáticamente hacia el vagón delantero. De no haber sido por la valentía de los pasajeros que eventualmente lograron desarmarlo, muchos más hubiesen sido heridos o muertos. Carolyn McCarthy, cuyo esposo fue muerto y su hijo herido en el tren, fue electa congresista luego de hacer campaña sobre el tema del control de armas. Las empresas ferroviarias tomaron mayores medidas de seguridad. Años más tarde, el recuerdo todavía persigue a muchos usuarios de la LIRR. Unos veinte pasajeros y el conductor fueron tratados luego por colegas míos, utilizando EMDR.

El maquinista de la 1256 era un hombre de treinta y ocho años, llamado Max, de modos suaves y agradables, físico-culturista con hombros y cuello macizos. Resultó ser un buen amigo de Bob Franke. Sentado en lo alto de la locomotora, no vio la matanza, pero podía oír la batahola del tumulto detrás de él. Supuso que era un robo, y que lo mejor que podía hacer era llamar inmediatamente a la policía y luego parar en la siguiente estación (Merillon) a esperar que llegase.

Pero había un problema; la estación Merillon podía estacionar solamente ocho coches, no los diez que componían el tren 1256. Max sabía que si abría las puertas, la gente de los dos últimos vagones, tratando de huir, podía caer en un barranco profundo y lastimarse o matarse. Por otro lado, el mantener las puertas cerradas atraparía a los pasajeros dentro del tren hasta que llegase la ayuda. Enfrentado a este dilema, optó por mantener las puertas cerradas.

Cuando la policía y los paramédicos arribaron a la escena, la masacre había terminado. Max bajó de la locomotora y caminó por la plataforma, viendo por primera vez lo que había sucedido. La policía y los paramédicos pululaban por los vagones, pero él quedó impactado por la visión particularmente horrible de una chica asiática volada en pedazos; una imagen que lo acosaría los años venideros. Comenzó a correrle una transpiración fría, sus rodillas se aflojaron y tuvo que agarrarse a un poste para evitar colapsar sobre la plataforma.

Eventualmente, Ferguson fue juzgado y sentenciado por asesinato y el incidente se convirtió en un momento lúgubre en la historia del ferrocarril y de la comunidad. Max siguió con su trabajo; supuso que había superado el impacto. Seis años después de ese incidente, mientras se acercaba al tren de las 5:33 que había manejado todos esos años, vio el número de la locomotora: 1256. Era la primera vez que sacaba esa máquina desde el incidente y la visión de la misma le produjo un ataque de pánico tan severo que no pudo abordar el tren. Todo le volvió, incluyendo la imagen de la muchacha asiática, y súbitamente lo sobrecogió la culpa. *Fue mi culpa que todas esas personas murieran. Tomé la decisión equivocada. Si hubiese abierto las puertas, nada de esto hubiese sucedido.*

Ésta era la creencia negativa que tenía cuando, impulsado por Bob Franke, vino a verme. Mientras trabajábamos juntos, fue consciente, por primera vez, de que él mismo podría haber muerto. Previamente había bloqueado esta posibilidad. ¡Y en una sola sesión de dos horas de EMDR, el trauma fue resuelto en un noventa y cinco por ciento! (Los temas pendientes fueron resueltos en otra sesión una semana después.) La imagen del vagón se volvió borrosa y luego desapareció; los sonidos de los gritos enmudecieron. Sí, aún se entristece por la tragedia; la memoria no ha sido borrada. Hacía mucho que Max sentía una reacción claustrofóbica a las multitudes y por primera vez, durante el procesamiento conectó esa reacción con el incidente. También su claustrofobia había desaparecido.

Los terapeutas de EMDR tienen el privilegio de viajar con sus pacientes, desde el momento de su horror al momento de su curación; un viaje repleto de imaginería espiritual, emociones, y experiencias corporales. De esta manera, viajé "en el mismo vagón" con Max, Eric, Chip, Steve, Bill, Bob, y muchos otros. Sus dramas y miedos eran casi palpables. Al igual que mis colegas de EMDR de todo el mundo, me entusiasma saber que seré capaz de ayudar a mis pacientes a desprenderse de su sufrimiento. Por discusiones con otros terapeutas de EMDR, he descubierto que todos compartimos el silencioso placer de saber que al comienzo, nuestros pacientes no pueden imaginar cómo EMDR les cambiará la vida a una velocidad asombrosa y cómo al final les podremos decir: "todo el tiempo estuve seguro de que esto sucedería." Estos son los pensamientos secretos que proporcionan alegría a los terapeutas, pues al tratar a nuestros pacientes, reiteradamente tenemos el honor de penetrar en el extraño mundo regido por los milagros de la mente.

Capítulo 5: La mente es mágica: El proceso de disociación

¿Por qué es tan efectivo EMDR para el tratamiento del trauma? Al identificar el blanco utilizando el protocolo (imagen del blanco, creencias, emoción y experiencia corporal) se identifica la localización donde el trauma está estancado en el sistema nervioso. La aplicación de la estimulación bilateral reactiva el sistema, remueve los bloqueos y permite la reconexión y la cura.

La mente puede actuar como un mago: puede hacer "desaparecer" recuerdos dolorosos. A través del proceso conocido como *disociación*, la mente consciente "cubre" emociones y recuerdos intolerables, a veces a través del olvido, a veces a través de una pared de amnesia, incluso dividiéndose en más de una personalidad. La disociación no elimina los efectos del trauma; simplemente los entierra. Podemos no sentir sus efectos en forma consciente, muchas veces ni siquiera podemos recordar el trauma original. Pero aunque escondidos por esta defensa, los traumas permanecen activos, afectando la manera en que pensamos, la forma en que nos sentimos, tanto emocional como físicamente, la manera en que hablamos, nuestras relaciones, la manera en que nos comportamos, nuestra manera de *ser*.

Trauma y disociación van juntos como la mano y el guante y EMDR puede ayudar a quitarse el guante. Solamente llegando al corazón del trauma, tomando conciencia de él, y viéndolo claramente podemos superar su fuerza y sólo entonces podemos cambiar. Cambios tan dramáticos deben desarrollarse con sensibilidad y cuidado. Las viejas defensas deben ser cuidadosamente eliminadas para que otras, más adaptativas, tomen su lugar.

DISOCIACIÓN DISFUNCIONAL

Cuando una persona se enfrenta con un peligro, real o percibido, el cuerpo reacciona: el flujo de adrenalina aumenta, la respiración se acelera o se corta momentáneamente, la piel se enrojece o empalidece y la mente se conmociona, primero registrando y luego olvidando a menudo el evento traumático. El trauma severo es sencillamente demasiado fuerte para ser integrado. Nuestro reflejo es protegernos de él; lo borramos de nuestra conciencia. Los terapeutas solían llamar a este fenómeno *represión*. Hoy en día se lo refiere más comúnmente como disociación.

No toda disociación es disfuncional. En realidad, si estuviésemos todo el tiempo en contacto con lo que sentimos, estaríamos tan bombardeados que no podríamos funcionar. Cuando nuestra mente divaga durante una conferencia y nos damos cuenta que no tenemos idea qué es lo que hemos escuchado, eso es disociación. Cuando uno da vueltas las páginas de un libro y no recuerda qué estaba en la página anterior, eso es disociación. Cuando, manejando por una ruta, repentinamente nos damos cuenta que durante un rato no hemos estado *conscientes* de estar manejando, eso es una forma de disociación. Pero la disociación patológica es una reacción al trauma.

Cómo reaccionamos al trauma y *dónde* reaccionamos en nuestros cuerpos, depende del nivel de desarrollo de nuestro sistema nervioso y de la severidad del trauma. El sistema de un niño pequeño es inmaduro y vulnerable. Un niño pequeño que es abusado repetidamente por alguno de sus padres va a disociar el trauma; sin embargo, éste va a moldear su vida entera y sus efectos muy probablemente van a aflorar en su adolescencia o en su adultez. Una criatura de cinco o diez años abusada de la misma manera, va a quedar profundamente afectada, pero su mayor nivel de desarrollo puede alterar la naturaleza del daño.

De un modo similar, cuando uno de adulto pierde a un ser querido, bien puede sentir, por un tiempo corto, que esa persona está aún viva, hablar de ella en tiempo presente, e incluso "verla" caminando por la calle. Este es un proceso disociativo "normal". Tu cerebro cognitivo recoge la información que la persona está muerta, pero tu cerebro emocional continúa intentando comprenderlo. Sólo gradualmente la conciencia de la muerte del ser querido se va a filtrar desde el cerebro "pensante" o racional a todo tu sistema nervioso, permitiéndote la transición hacia las etapas siguientes: dolor, enojo, depresión, aceptación, cura. Pero si sufres un trauma severo (en combate, por ejemplo, o como los que sufrieron Bob o Steve o Bill) quizás no puedas llegar a procesar el trauma sin ayuda externa. Es entonces cuando EMDR se torna invaluable.

LA UBICUIDAD DEL ABUSO

Sociedades enteras pueden experimentar negación y en particular cuando se refiere al abuso infantil. Sus efectos son tan devastadores y lo que dice de nosotros como seres humanos es tan amenazante, que preferimos ver la violencia o la explotación sexual infantil como eventos aislados, manifestaciones de depravación que ninguna comunidad "normal" toleraría. Como escribe la Dra. Judith Lewis Herman en su reconocido libro *Trauma and Recovery* (Trauma y recuperación) (1992, pág. 7,8):

> El estudio del trauma psicológico ha llevado repetidamente a la esfera de lo inconcebible y se ha encallado en cuestiones fundamentales de opinión... Estudiar el trauma psicológico es enfrentarse cara a cara tanto con la vulnerabilidad humana en el mundo natural, como con la capacidad para el mal en la naturaleza humana. Estudiar el trauma psicológico significa prestar testimonio de hechos terribles. Cuando los hechos son desastres naturales u "obras de Dios", los testigos se solidarizan fácilmente con la víctima. Pero cuando los hechos traumáticos son por designio humano, aquellos que son testigos quedan atrapados en el conflicto entre víctima y victimario. Es moralmente imposible permanecer neutral en este conflicto. El testigo está obligado a tomar partido.
>
> Es muy tentador tomar partido por el victimario. Todo lo que el victimario pide es que el espectador no haga nada. Apela al deseo universal de no ver, no oír y no hablar del mal. La víctima, por el contrario, requiere del espectador que comparta el peso del dolor...

A fin de escapar de la responsabilidad por sus crímenes, el victimario hace todo lo que está en su poder para promover el olvido. El secreto y el silencio son la primera línea de defensa del victimario. Si el secreto falla, el victimario ataca la credibilidad de su víctima. Si no puede silenciarla completamente, intenta asegurarse de que nadie la oiga... Después de cada atrocidad, se puede esperar oír las mismas disculpas predecibles: nunca sucedió; la víctima miente; la víctima exagera; la víctima se lo buscó y de todos modos, es tiempo de olvidar el pasado y seguir adelante. Cuanto más poderoso es el victimario, mayor es su prerrogativa para nombrar y definir la realidad y más completamente prevalecen sus argumentos.

Los adultos ejercen un poder inmenso sobre los niños pequeños y ningún victimario tiene más garantía de imponer silencio a su víctima que un adulto que abusa de un niño. Porque el niño más pequeño no puede hablar, no puede reaccionar (porque su cerebro no está aún suficientemente formado para comprender, menos aún interpretar, lo que ha sucedido), no puede hacer nada para escapar de su victimario y del trauma en sí. Sólo puede hacer una cosa: disociarse de él. Una criatura de, digamos, seis o siete años, a menudo "flotará fuera de su cuerpo" mientras es abusada, observando sin sentir nada, y tratando de desaparecer (un síntoma descripto por víctimas de abuso de todas las edades). De hecho, a menudo logra su deseo, y su persona esencial se pierde en su interior, profunda y, muchas veces, permanentemente.

Lo neguemos o no, el abuso infantil prevalece en nuestra sociedad, tal como lo fue durante el milenio que precedió al nuestro. Habitualmente no hay testigos, a excepción del victimario y la víctima. Solamente podemos adivinar la cantidad de casos, sabiendo que el número de informes existente es reducido, debido al miedo, culpa, vergüenza y el olvido por disociación. Sigmund Freud escribió en 1896, en *Estudios sobre la Histeria*, que "en el fondo de cada caso de histeria hay *uno o más acontecimientos de experiencia sexual prematura* [6], acontecimientos que pertenecen a los primeros años de la niñez." Sin embargo, más tarde se retractó (quizás amenazado por su propia negación, quizás presionado por una sociedad que aseveraba que esas cosas no sucedían) y describió tales situaciones como fantasías causadas por la "histeria", una condición de esos tiempos que se correlaciona sintomáticamente con lo que ahora denominamos síndrome de estrés traumático. A pesar que la memoria es inexacta y a veces falible, mi experiencia ha sido que la disociación no está presente sin una muy buena razón: la persona *necesita* olvidar. Hay mucha controversia sobre el "síndrome de falsa memoria", ya que algunos terapeutas inescrupulosos han dirigido a pacientes influenciables al trauma sin bases suficientes. Pero esta etiqueta también ha sido utilizada para negar recuerdos recuperados de abusos, incluso cuando estos han sido probados.

Es una verdad obvia que los seres humanos somos capaces de una bondad exquisita, tanto como de una depravación absoluta. Llevamos en nosotros el potencial para lo mejor y lo peor. En algún lugar de cada Madre Teresa hay un lado oscuro; en cada criminal hay capacidad de redención. Todos nosotros luchamos para dominar nuestros impulsos agresivos y cultivar los humanitarios; no todos tenemos éxito. Y nuestra capacidad de daño puede ser más trágica cuando está dirigida a nuestros propios hijos. Como terapeuta, veo la lucha entre esas dos fuerzas en los pacientes que trato y en mí mismo. No me sorprende cuando "el chico de al lado" detona un explosivo masivo frente a un edificio gubernamental colmado de gente o cuando un asesino dedica su vida en prisión a ayudar a sus compañeros presidiarios.

CONNIE: LA LUZ COMO DISPARADOR

He observado que los terapeutas que practican EMDR tienden a descubrir disociación en sus pacientes, en mayor grado que otros psicoterapeutas. Depresión, ansiedad y problemas

---

[6] Itálicas agregadas por el autor

conductuales, que muchos terapeutas tratan sintomáticamente, son a menudo *trastornos disociativos de identidad*; modos neurofisiológicos peritraumáticos para escapar de algo demasiado insoportable de enfrentar. Tanto para los terapeutas como para los pacientes, es importante recordar que esta escisión tan extrema no es en verdad locura; muy por el contrario, es de hecho una manera de salud, un último recurso para evitar el abismo traumático. Tocar súbitamente un recuerdo traumático puede causar una inmensa desorientación. Aplicado de manera inexperta, EMDR puede acelerar ese proceso.

Antes de ser entrenado en EMDR, había trabajado con Connie sobre sus síntomas de pánico y depresión, durante tres años muy productivos. Yo sabía que no había alcanzado el nudo de sus problemas e intuía que algo profundamente perturbador le había ocurrido en su juventud. Durante el tratamiento recordó que su padre, un oficial de policía, le había pegado algunas veces cuando era pequeña, y necesitaba ayuda para llegar a ver que sus temores abrumadores y su actitud autocrítica estaban relacionados con esos incidentes.

Noté que Connie siempre se contraía cuando yo encendía una lámpara o abría las persianas de las ventanas (estaba bien cuando la habitación se mantenía establemente iluminada). Era una mujer de avanzados cincuenta años, delgada, bien vestida, de cabello corto marrón oscuro, que parecía protegerse encorvando su cuerpo y apartando su mirada, aún en la más inocua de las conversaciones. Lo primero que me había llamado la atención fue lo *limpia* que era, bien peinada y con sus manos bien arregladas, como una niñita tratando de complacer a sus padres.

Al volver de mi entrenamiento como facilitador, buscando avanzar en la terapia decidí ver cómo respondía Connie a EMDR y le solicité que eligiese un tema sobre el que trabajaríamos.

–Mi sensibilidad a la luz –dijo.

Sensibilidad a la luz no es un blanco común, pero eligió una experiencia reciente donde la luz le había molestado. Como creencia negativa eligió "¡Peligro!". Su nivel de SUDS era 8 y sentía el miedo en su pecho y extremidades. Moviendo los ojos de izquierda a derecha, rápidamente revirtió a un recuerdo más temprano.

–Tengo un recuerdo de cuando tenía cinco años – me dijo–. Estoy en la calle con mi padre, mirando hacia una ventana de hospital. Mi madre está detrás de esa ventana, y no se me permite visitarla. La luz de sol destella sobre el vidrio, así que ni siquiera puedo verla.

Su voz se volvió baja y tensa.

–Ahora hemos vuelto a casa, mi padre y yo y estoy en la bañadera y él me está lavando todo el cuerpo con una esponja. La bañera se siente tibia, acogedora–. Sacudió su cabeza, desconcertada–. Algo malo está sucediendo, tengo una sensación entre mis piernas. Mi padre – dijo, y su voz se elevó aterrorizada–, ¡mi padre está metiendo su dedo dentro mío!

Estaba extremadamente agitada.

– ¡No sucedió! –gritó–. No puede haber sucedido. ¿Por qué dije eso? ¿Por qué lo estoy *pensando*?

Se paró y comenzó a dar grandes pasos por la habitación, a medida que imágenes inconexas de su padre y ella en el apartamento; nuevamente en la bañera, sólo que esta vez tenía seis años; en la cocina...salían de su memoria en una avalancha. Nunca había visto tanta angustia, por lo que traté de volverla al momento presente.

– Connie, ¿qué va a hacer hoy más tarde?

– ¡Lo amo! – gritó–. No me hizo esas cosas horribles. No pudo haberlas hecho. Me amaba.

–Connie, nos ocuparemos de esto juntos, paso a paso. Trate de darle tiempo.

Volvió a su asiento, su respiración se aquietó y muy pronto pudo hablarme racionalmente, aunque todavía esta visiblemente conmocionada. Para afirmarla en el presente volvimos a temas ya familiares (sus quejas sobre el trabajo, sus conflictos con su esposo) y abandonó mi oficina calmada aunque inestable, prometiendo llamarme si la vencía la angustia. Convinimos un contacto telefónico para el día siguiente y una segunda sesión para esa misma semana.

Regresó a mi consultorio en un estado sombrío, luego de tres días particularmente tumultuosos, su sueño interrumpido por pesadillas. Esto era inusual en ella; por lo general se sentía aliviada luego de nuestras sesiones y dormía bien. No utilicé EMDR con ella ni en esa sesión ni durante las semanas siguientes, mientras trabajábamos sobre lo que había emergido. Eventualmente quiso probarlo otra vez. Obviamente, se activaba algo que no podíamos alcanzar a través de la terapia verbal convencional.

Connie se armó de valor mientras comenzamos nuestra sesión y retornó a su imagen.

–La luz.

– ¿Cuál es el nivel de perturbación?

–Diez.

–Observe hacia dónde va su mente – le dije, mientras movía mi mano lentamente hacia los lados.

–Viene desde mi izquierda, de la puerta del dormitorio de mis padres. Estoy en mi cama y puedo ver la luz penetrando en mi cuarto. – Una vez más, movió su cabeza negando–. Yo sé que esto no sucedió, *¡no sucedió!* Mi padre está parado en la puerta. Está caminando hacia mi cama. Ahora está encima de mí. Está penetrando su pene en mí. Y duele. ¡Duele!

Se fue disociando progresivamente del entorno presente a medida que sus recuerdos se volvían más reales.

–Estoy en el cuarto con él. Estoy ahí *ahora*. Apenas puedo respirar. Es tan pesado. No me puedo mover. No puedo llorar, pero quiero llorar. Me estoy desprendiendo de mi cuerpo. Mirando desde fuera de mí, desde la pared.

Se enrolló en su silla, encogiéndose, y entonces comenzó a gemir, un sonido terrible, áspero, lleno de terror y furia. Yo sabía que los veteranos de Vietnam tenían flashbacks similares, tirándose al suelo para huir de los horrores que estaban reviviendo. Connie estaba reviviendo un recuerdo tan poderoso y tan aterrador que la transformó en una indefensa niña de cinco años, incapaz de escapar del monstruo que la estaba atacando.

– ¡Aléjate de mí! –gritó–. ¡Quédate donde estás!

Me mantuve calmo y hablé tranquilizadoramente.

– ¿Dónde estamos ahora?

–En mi casa. –respondió jadeante.

– ¿Quién soy?

– ¡Eres mi padre! –Sus ojos brillaron con tanta malicia y terror que me puse alerta.

Hubiese sido un error desafiarla en ese momento. Sólo hubiese aumentado su agitación y lo que yo quería hacer era traerla de vuelta sin peligro a su ser adulto actual.

Mi siguiente pregunta fue una corazonada.

– ¿Quién es el presidente?

La paró en seco: –Roosevelt.

– ¿Roosevelt? ¿Está segura? –dije lentamente–.

Vi que empezaba a volver. Sus manos se relajaron y su postura se aflojó. Su boca armó una sola palabra.

–Clinton.

–Sí –dije suavemente–. Bill Clinton es presidente ahora.

Fui hasta mi escritorio y levanté el periódico.

–Vea, estamos en 1995.

Se quedó en silencio, temblando y desorientada.

– ¿Y quién soy yo? – le pregunté.

–David.

–Sí. David.

Se sentó frente a mí.

– ¿Dónde estaba yo? –dijo con cautela.

La experiencia me ha enseñado después que cuando un paciente niega hechos tan dolorosos, con toda probabilidad algo realmente ocurrió. Si Connie hubiese aceptado sin protestar el hecho del incesto paternal, sus recuerdos hubiesen quizás sido menos convincentes. Meses más tarde hizo preguntas a su madre y su hermana que no hubiese podido hacer antes (no hubiese *sabido* lo suficiente como para preguntar) y recibió de ellas corroboración de las acciones de su padre.

Pero ese conocimiento sólo abrió la puerta. Siguieron ocho meses de procesamiento intensivo con EMDR, que a veces le provocaban una intensa agitación. Surgieron otros dos alter egos disociados, uno agresivo y otro robótico, desprovisto de sentimientos. Estaba sufriendo del Trastorno de Identidad Disociativa (TID). Cada vez surgían más recuerdos de abusos aterradores, humillantes. (Por ejemplo, cuando su madre estaba en el hospital, su padre insistía en que se convirtiese en "la mujer de la casa" aunque sólo tenía cinco años, y le pegaba cuando la comida no estaba preparada o si su ropa no había sido guardada correctamente).

Eventualmente, las imágenes comenzaron a diluirse y Connie reincorporó cada Yo, uno por uno, cada vez con un llanto de despedida. Pudo discutir conmigo los crímenes que su padre había perpetrado. Pero no estaba del todo curada cuando las circunstancias la forzaron a mudarse a California y finalizaron nuestras sesiones de terapia.

La partida de Connie me despertó sentimientos encontrados. Mucho había cambiado para ella (más allá de mis expectativas), pero su recuperación no estaba completa. Al principio me había sentido superado y lo sabía. Por momentos, la experiencia me había infundido miedo y por momentos, humildad, pero siempre fue increíblemente formativa. Había aprendido que con EMDR las disociaciones causadas por abuso sexual infantil podían ser curadas en un período de tiempo antes inconcebible, aunque no con la máxima velocidad que vería después en casos de traumas acotados.

EL TRAUMA Y EL SISTEMA NERVIOSO

El sistema nervioso humano se desarrolla gradualmente, lo que significa que los niños están menos protegidos contra el trauma que los adultos. Un infante responde a los estímulos con su cerebro *reptil*, o posterior, la parte primitiva del cerebro que regula la respiración, el torrente sanguíneo, y todas las otras funciones básicas de la vida. El cerebro *límbico* o medio o mamífero también está activo desde el principio, generando los comienzos de la respuesta "pelea-o-huida" y más tarde desarrollándose como el centro emocional del yo. Gradualmente se va incorporando el cerebro *pensante* o *racional*, la neocorteza o cerebro anterior, permitiéndonos pensar, razonar, entender ideas abstractas y observarnos a nosotros mismos. El TEPT no ha sido observado en otros mamíferos más que en primates; las criaturas menos desarrolladas parecen haberse salvado de las trabas que pueden ocurrir con un cerebro muy desarrollado, un cerebro racional.

Por lo tanto, un bebe registra el trauma en el cerebro primitivo. Un infante algo mayor reaccionará con un cerebro ya más desarrollado y un niño comenzará a tener acceso al cerebro racional, aunque no va a reaccionar como lo hace el adulto (la comprensión sofisticada está todavía más allá de sus posibilidades). Cuando las conexiones de procesamiento de información se rompen o no se desarrollan (lo que sucede a menudo en casos de trauma intenso o reiterado), frecuentemente resulta en disociación. Si el trauma ocurre en la adultez, el que lo sufre va a "saber" que el incidente y su peligro han pasado, pero de todas maneras va a sentir un temor aplastante. Pero un niño "olvida" lo que le ha sucedido y es solamente más adelante, en la adolescencia o adultez, que fragmentos de la experiencia traumática pueden emerger.

Un clásico ejemplo de re-emergencia de trauma de abuso infantil puede verse cuando una mujer en sus veinte, treinta o cuarenta años comienza sorpresivamente a experimentar síntomas extraños, inexplicables: cosquilleo o presión en sus zonas erógenas, imágenes aterradoras que aparecen de la nada; pánico que surge inexplicablemente. En casos severos, descubrirá que tiene un trastorno de identidad disociativo (TID), y alter egos disociados, de diferentes edades y personalidades. Estos pueden ser masculinos o femeninos, infantiles y adultos, todos dentro del mismo individuo, que "emergen" según las circunstancias. (En un caso que conozco, una de las personalidades, hombre, era alcohólico; otra, mujer, era alérgica al alcohol). Las personas que sufren esta perturbación muy a menudo encuentran ropa en sus armarios que no recuerdan haber comprado, o notas que no recuerdan haber escrito o con letra irreconocible. Esta pérdida de la realidad es disociación, pero no es psicosis. Es la desesperada maniobra autoprotectora de una persona que ha sido cruelmente abusada, y que lucha por mantener su equilibrio. Un psicótico está fuera de contacto con la realidad, pero cada una de las personalidades de una persona con TID está en contacto con el contexto de su mundo.

ESTADOS DEL YO

Una forma más común –y menos dramática– de disociación es el fenómeno de *estados del yo*, también llamado *distintos self*. En mayor o menor medida, todos tenemos aspectos distintivos de nosotros mismos que a menudo pueden parecer no ser "nosotros", sino más bien partes de nosotros que experimentamos en tercera persona. En un ejemplo simple, podemos ser simultáneamente el crítico y el criticado. "¡Estúpido, idiota!" nos diremos a nosotros mismos en voz alta cuando nos equivocamos o "¿cómo puedes haber cometido semejante error?"

Cada uno de nosotros puede ser a la vez adulto y niño, juez y acusado, doctor y paciente, maestro y alumno... y sí, terapeuta y paciente. A lo largo de nuestra vida cotidiana, inconscientemente asumimos roles adecuados a nuestra situación, adoptando una actitud, un tono de voz, un aspecto, una imagen, que mejor conviene a las circunstancias. Un bombero es un bombero solamente cuando está apagando incendios; por lo general se saca la chaqueta y su "uniforme interior" (su capa protectora) al regresar a su hogar. Los estados del yo incluyen nuestro yo infantil, nuestro yo adolescente, el yo del adulto competente, el yo crítico y el yo criticado, entre innumerables otros.

STAN: sanar el yo crítico

Al acceder a los estados del yo, el terapeuta puede ayudar a los pacientes a encontrar y trabajar con partes de ellos mismos que están perdidas o fuera de su alcance. El ojo de la mente es capaz de trabajar con estos distintos aspectos del yo y cuando se realza con EMDR, pueden suceder cosas asombrosas.

Hace poco traté a Stan, un ejecutivo que, aunque felizmente casado y profesionalmente exitoso, no podía desprenderse de su baja autoestima y pasividad. Su madre siempre lo había comparado severamente con su padre y su hermano y estaba atrapado en la creencia que no valía nada y que siempre sería así. Activándolo con estimulación bilateral sonora, le sugerí que su yo negativo, crítico, podía estar del otro lado de la puerta, en la sala de espera. Lo guié a que hiciese entrar a este yo y me avisase cuando apareciera. Casi inmediatamente me informó que podía ver a ese yo hostil. Mi primera pregunta fue un intento de establecer en qué etapa del desarrollo estaba este yo.

– ¿Cuántos años tiene?

–Seis.

– ¿Qué lleva puesto?

–Pantalones cortos y una remera.

– ¿Cómo es su expresión facial?

–Su cara es feroz. Está enojado conmigo.

Guié a Stan a preguntarle a este yo si aceptaba hablar directamente conmigo. Otorgarle esta opción le dio la posibilidad de elección y de control, elementos esenciales ambos en la curación del trauma.

Le pregunté al yo agresivo si era genuinamente fuerte o en realidad se sentía herido y vulnerable.

–Estoy sufriendo.

– ¿Le gustaría intentar EMDR? – le pregunté.

–Seguro. ¿Por qué no? ¿Qué tengo para perder?

– ¿Puede oír el sonido bilateral que su yo total está oyendo ahora?

–Sí.

–Quiero que procese lo que lo está molestando y me haga saber qué sucede – lo guié.

Su yo joven, crítico, comenzó su propio procesamiento y en unos pocos minutos fue capaz de ser más benigno.

– ¿Puede utilizar ahora su determinación y energía para propósitos constructivos, ayudándose usted mismo y a su yo total?

–Sí.

Entonces le hablé al yo adulto de Stan:

– ¿Puede mirar a este yo niño y ver si puede sentir compasión por él?

–Me veo poniendo mi brazo alrededor de mi yo de seis años, que ha abandonado su ataque y aparece ahora vulnerable. Mi yo crítico anterior se ha fundido nuevamente en mí. Me siento más integrado, más tranquilo, más confiado –dijo Stan.

Animé a Stan a que siguiese con estos sentimientos y dejase que la estimulación bilateral los reforzara. Cuando volvimos a la imagen del blanco, ésta había cambiado dramáticamente y el nivel del SUDS (que había estado fijo en 7) bajó a 2. Este manejo puede parecer irreal o poco serio, pero lo invito a intentarlo usted mismo. Simplemente imagínese que su yo crítico está en la habitación de al lado, llámelo (o llámela), observe la edad y la ropa y que comience el diálogo.

OTRAS REACCIONES ANTE EL TRAUMA

Ataques de ansiedad generalizada o ataques de pánico no son generalmente considerados como perturbaciones de base traumática. Sin embargo, el pánico puede ser un recuerdo emocional disociado de algo que la persona experimentó durante una situación abrumadora anterior. Una niña que durmió en el cuarto de sus padres hasta la edad de cinco años, inmovilizada por el terror y vergüenza ante las imágenes, sonidos y olores del acto sexual (conocido como escena primaria), puede, de adulta, experimentar súbitamente pánico en un ascensor, un baño o en un avión. Sin tratamiento, su pánico puede extenderse a un temor a salir de la casa, conocido como agorafobia. La genética juega un rol significativo en la formación de la personalidad, así como en la vulnerabilidad a la ansiedad, depresión, obsesión y adicción. Pero cuando EMDR focaliza en los síntomas, frecuentemente emerge una historia de trauma.

Hemos visto que los síntomas pueden emerger muy pronto luego del trauma o estar dormidos por meses o incluso años. Puede parecer que no están relacionados con el trauma original, manifestándose como dolor físico o entumecimiento, disminución del placer por el sexo o la diversión, retraso psicomotor, sentimientos de desvalorización, confusión o pensamientos intrusivos de muerte. El TEPT tiene muchos disfraces, y muchos niveles de severidad. La reacción de una persona puede ser normal (recuerdos, ansiedad leve, temor no debilitante), patológica (disociación), o extremadamente patológica (TID), aunque estos límites son a menudo confusos. Es imposible pasar por la vida sin experimentar depresión y si la depresión se va en unos pocos días o en una semana, es normal y apropiada aunque no se conozca la causa. Pero síntomas severos que duran meses o son regularmente recurrentes indican depresión clínica, que puede ser dolorosa, debilitante y potencialmente peligrosa. Tendemos a creer que nuestra alegría y nuestra tristeza son determinadas externa más que internamente; sin embargo, la desesperanza y la indefensión pueden estar presentes aun cuando las circunstancias de la vida sean favorables.

Los seres humanos somos extraordinariamente adaptables. Con el suficiente tiempo y sostén, podemos sobreponernos por nuestros propios medios a muchos traumas y los síntomas que los acompañan. De hecho, intuitivamente reconocemos que nuestras reacciones son transitorias; eso, en sí mismo, es un signo de buena salud. *Me sobrepondré*, pensamos, o *Eso me abatió, pero me levantaré otra vez*. Sin embargo, a pesar de nuestros variados niveles de fortaleza, la severidad de un trauma o una serie de ellos puede exceder nuestra habilidad de adaptación y recuperación. Aquí es donde entra en juego la terapia.

EMDR Y EL TRATAMIENTO DEL TRAUMA

La terapia verbal (ya sea psicoanálisis, terapia sistémica familiar, terapia cognitiva, modificación conductual, o alguna otra forma) entra al sistema a través de la región cortical del cerebro, el asiento de la lógica y el pensamiento. Pero el trauma afecta profundamente al cerebro mamífero o emocional (al que es difícil acceder hablando), al cerebro reptíl y al cuerpo (que es inaccesible al intercambio verbal).

Pareciera que EMDR no sólo tiene acceso a estas regiones, sino que tiene la capacidad de modificarlas. Cuando los pacientes describen y *sienten* una imagen o un recuerdo negativo, están activando el lugar donde se aloja en el sistema nervioso: en el cuerpo, cerebro posterior, medio y frontal. Las palabras no pueden describir algo que sucedió cuando no teníamos capacidad de habla, pero al activar imágenes, sonidos, olores y sensaciones corporales, logramos acceder al cerebro primitivo. Evocar las emociones asociadas con una experiencia sensorial puede activar las respuestas primitivas unidas al trauma. Lo que emerge no está solamente en el cerebro sino también en el cuerpo (en mi trabajo, no aíslo el cerebro del cuerpo), pues el cerebro es en realidad sólo la estación central de cambios de un sistema nervioso. De esta manera, EMDR es una terapia "de abajo hacia arriba": activa la memoria corporal, que viaja a través de las regiones primitivas del cerebro y llega finalmente al cerebro pensante para su análisis final y resolución. Por contraste, la terapia verbal es un enfoque "de arriba hacia abajo": la información penetra a través del cerebro cortical, con acceso muy limitado al cerebro emocional y menos aún al cerebro posterior y al cuerpo. ¿No es lógico entonces que la terapia verbal por sí sola logre un éxito tan limitado con perturbaciones tan centradas en lo físico, como los TEPT?

El protocolo EMDR activa información no procesada en el sistema nervioso. La estimulación izquierda-derecha puede liberar este material, ya sea que haya estado estancado allí por dos semanas o veinte años. El estudio del Dr. Strickgold sobre el movimiento ocular rápido durante el sueño REM (ciclos de sueño necesarios que una persona dormida atraviesa varias veces durante la noche) muestra que ciertos eventos y sentimientos, estimulados tanto exterior como interiormente, son procesados de noche en lo profundo del cerebro.

Las experiencias que surgen con EMDR muchas veces tienen una cualidad onírica. El terapeuta utiliza la comunicación verbal para armar el protocolo, para regular el flujo de imágenes y sensaciones, y a veces, hasta para dirigirlo. El paciente usa el habla para describir lo que está sucediendo: los recuerdos, las emociones, las experiencias corporales. Pero el trabajo esencial de curación sucede en el interior, rápida y poderosamente, a menudo sin palabras, de una manera en la que ni siquiera el paciente es totalmente consciente ni, mucho menos, comprende.

Ocasionalmente se necesitan unas p ocas palabras mas allá del armado del protocolo. Hace poco traté a un joven de dieciséis años que no podía o no quería hablar sobre lo que lo estaba angustiando. Sin embargo, aceptó realizar EMDR, con la condición de que no tendría que hablar a menos que quisiese hacerlo.

–Quiero que pienses sobre lo que te está preocupando ahora – le dije.

–Sí... – masculló.

– ¿Puedes verlo?

–Sí.

– ¿Te produce sensaciones dentro tuyo?

–Sí. Pero no quiero contarle.

–No hace falta. Es más, mejor que no lo hagas. Simplemente valora tu nivel de perturbación. ¿Qué sería si diez es lo peor y cero es sin problema?

–Diez.

– ¿En qué parte del cuerpo lo sientes?

–En todos lados. Silencio.

Se puso los auriculares, escuchó música bilateral de rock y procesó por quince minutos sin emitir una palabra. Luego, cuando volvimos por primera vez a su imagen del blanco, su perturbación había bajado a 4. La segunda vez dio 1 y la tercera produjo perturbación 0. ¿Podrían alcanzarse esos resultados con cualquier otra modalidad de terapia? En absoluto. Me di cuenta que algo estaba sucediendo en lo íntimo de mi paciente, algo profundo. Nunca sabré qué era. ¿Debía saberlo? No, si sabía que su curación cambiaba su vida cotidiana. Y su madre me informó después que su humor y su comportamiento mejoraron dramáticamente luego de nuestra sesión.

EL ROL DEL TERAPEUTA

Esto no significa que EMDR trabaja en el vacío. EMDR parece sencillo, pero en la práctica es muy técnico. El terapeuta debe dirigir el protocolo y guiar al paciente y una vez que el sistema comienza a funcionar, a menudo surgen complicaciones inesperadas. La verdadera resolución es también compleja, tanto mental como sistémicamente. El terapeuta debe saber diagnosticar bien y poder reconocer las fuerzas que entran en juego durante el proceso. Y a pesar de la naturaleza interna de EMDR, el terapeuta debe tener habilidades muy agudas para percibir las comunicaciones a múltiples niveles que tienen lugar a lo largo del tratamiento.

Tome como ejemplo, el trabajo con estados del yo. En una sesión, Terry, una manicura de treinta y siete años, estaba procesando a través de un estado del yo, su yo crítico ("eres un fracaso"), cuando otro yo (una parte "espiritual" oculta de ella, opuesta a la crítica) pareció surgir de la nada y se entabló una lucha. En otro momento, un yo avergonzado se escondía detrás de su yo crítico y era difícil delimitar y negociar entre los dos. Con el tiempo, los dos yo encontraron un lugar común y se reintegraron. Un terapeuta de EMDR necesita saber cómo localizar y acceder a estos yo dispares y cómo interactuar con ellos. Para este proceso, las capacidades diagnósticas y de tratamiento son cruciales.

Alan, por ejemplo, tenía un yo de niño asustado que estaba intimidado por su yo adolescente agresivo. Necesitaban sanarse por separado antes que pudiesen juntarse a una activa negociación supervisada sobre temas de supremacía y de sensibilidad. Eventualmente, el proceso ayudó a Alan a alcanzar armonía interior y pudo resolver sus luchas internas.

El potencial de integración acelerada de EMDR ofrece oportunidades para lograr un nivel de resolución de conflicto más profundo de lo que puede alcanzarse con la mayoría de las psicoterapias verbales. EMDR activa las partes del sistema nervioso donde se aloja el trauma bloqueado y luego fomenta su liberación y resolución.

Pero el proceso de integración es delicado. (En algunos pacientes con TID, puede ser mejor no intentarlo). Cuanto más dañado está el paciente, mayor es el sostén que debe prestar el terapeuta. Aun una persona muy herida con bajísima autoestima tendrá algunas áreas de fortaleza. La pregunta, "¿se ve a sí mismo como un adulto competente?" evocará esa imagen (a menudo para gran sorpresa del paciente) y el paciente puede aferrar esa imagen y ese sentimiento más profundamente al reforzarlo con la ayuda de estimulación bilateral.

La cuestión más importante para los pacientes profundamente traumatizados es siempre la confianza. Y para la persona que fue abusada por aquél que debía cuidarlo, es adecuado tener desconfianza inicial hacia el terapeuta. Está bien que un paciente diga, al principio del tratamiento: "¿por qué voy a confiar en usted, o en cualquiera?" Es una respuesta normal para aquéllos que han experimentado la anormalidad del abuso. Cuando un paciente sufre un evento traumático de adulto, la confianza es algo más fácil de establecer, pero el tratamiento tiene complejidades y problemas propios, ya que frecuentemente descubre traumas de edades más tempranas.

Capítulo 6: Casi demasiado bueno para ser cierto: sanar el trauma adulto

La mayoría de los traumas de la vida adulta son sucesos únicos, acotados, que se dan una vez en la vida y que pueden durar un segundo u horas. Dos ejemplos pueden ser un choque automovilístico o un atraco; la muerte repentina de un pariente debido a un ataque al corazón o a un accidente es otro ejemplo. La severidad del trauma y, por consiguiente, la relativa facilidad del tratamiento, es distinta en cada instancia. Otra variable es la estructura, tanto genética como psicológica, de la persona traumatizada. Algunas personas parecen pasar por horrendas experiencias con pocos síntomas o ninguno; otras se traumatizan por hechos que, para la mayoría, podrían ser tolerables. En alguna medida, todos nosotros sufrimos traumas durante nuestras vidas. (Aun el rechazo de nuestro enamorado o nuestra enamorada deja sus marcas). Todos vamos a reaccionar de una manera diferente, aunque compartimos una serie de síntomas comunes.

La guerra es una de las causas más importantes de trauma en adultos, tanto en los civiles como en los soldados. Los traumas de guerra pueden ser acotados (el soldado herido en su primer día de lucha) o extendidos y repetidos (los combates en la selva en Vietnam durante años). Los neurólogos han demostrado a través de escaneos cerebrales que en aquellas personas expuestas a trauma prolongado, el hipocampo (la región del cerebro que recibe los hechos objetivos y los retransmite a la amígdala para la respuesta emocional y a la neocorteza para su "análisis") se encoge, reduciendo e impidiendo muchos niveles de funcionamiento cerebral. En sobrevivientes adultos del Holocausto (víctimas de lo que puede considerarse el peor trauma infligido por el hombre sobre el hombre) la capacidad de sanar psicológica, neurológica y sintomáticamente es drásticamente diferente incluso, de la de los veteranos de Vietnam, debido a que la naturaleza del trauma fue tan profunda y única.

EMDR puede sanar tales traumas profundos, si no completamente al menos en algún grado, aunque para estos casos, el término *máxima velocidad* es relativo. Comparado con la terapia verbal, el proceso de cura será mucho más rápido; he visto que un tratamiento de dos años de una o dos sesiones semanales con EMDR logra lo que la mayoría de las terapias no logran en veinte años. Cuanto más antiguo el trauma, más difícil es de resolver. Sin embargo, EMDR, milagroso como es, no es una panacea. A veces, las heridas psíquicas son sencillamente demasiado profundas para poder sanarse completamente.

TRAUMA ACOTADO: LA MUERTE DE UN SER QUERIDO

Cuando un progenitor de ochenta años fallece por causas naturales, sus hijos e hijas adultos van a estar de duelo, pero es poco probable que se traumaticen. El hijo o hija *espera* la muerte, ya que está en el orden natural de las cosas y transitará por las etapas de duelo y dolor resolviéndolas adecuadamente. Pero si el duelo se extiende por demasiado tiempo, si la persona no puede dejarlo ir y recuperarse, entonces ha emergido un síntoma patológico, que muy probablemente esté impulsado por un trauma anterior y necesita tratamiento.

Cuando una muerte es repentina, estas dinámicas cambian. En ese caso, lo inesperado juega un rol prominente e invariablemente resulta en trauma agudo. (Lo inesperado es un factor crucial en el TEPT). El niño de once años cuyo padre fallece de un ataque cardíaco quedará afectado de una manera distinta a la del hombre de cincuenta y uno cuyo padre también fallece inesperadamente. El sobreviviente adulto también tendrá que atravesar los múltiples estadios del proceso de curación; pero la pérdida será menos impactante, menos traumática. Pero si el progenitor ha estado enfermo largo tiempo, aunque la muerte sea esperada, los efectos acumulados de la enfermedad a menudo incrementan la dimensión del trauma.

Una vez más, cada individuo va a responder de una manera diferente a la muerte de un ser querido, dependiendo de su constitución (estructura genética y química cerebral), y de su experiencia de vida. Sin embargo, su respuesta va a darse dentro de una gama de reacciones típicas y si no es así, las "antenas" del terapeuta lo captarán. Si, por ejemplo, ese niño de once años cuyo padre falleció súbitamente de un infarto no muestra síntomas y no parece traumatizado, será un alerta para que el terapeuta explore más. Cada acción lleva a una reacción. Si no sucede directamente, saldrá por otro lado. Puede emerger somáticamente, en dolores de cabeza o espalda o en la conducta, en adicción al trabajo o en embotamiento. La variedad de la respuesta humana es notable. Pero al igual que el detective mira más allá de lo obvio, encontrando sutiles pistas, el terapeuta busca los "signos sutiles" que, sumados, dan la clara indicación de trauma.

En mi trabajo, si uno resulta engañado, es a menudo porque el paciente parece estar mejor que lo que debiese estar dadas las circunstancias, no peor. El terapeuta debe tomar en cuenta no solamente la situación particular del paciente, sino también su historia de vida, lo que dice y, más significativo, lo que no dice. Un trauma de la adultez que no se resuelve como es esperable, está comúnmente basado sobre un trauma infantil subyacente. El descubrimiento de esas experiencias subyacentes implica un proceso de tratamiento de mayor exigencia.

ELLA: UNA CRIATURA ES ASESINADA

Cuando un padre o una madre deben enfrentar la muerte de su hijo, la herida no puede cicatrizar jamás. Cuando la pérdida se debe a un asesinato, el dolor trasciende la agonía.

A lo largo del país hay redes de apoyo para padres de niños asesinados y mi creciente trabajo sanando traumas con EMDR me llevó a involucrarme con ellas. Me había impresionado el trabajo de Elaine Alvarez, una terapeuta y facilitadora de EMDR que había organizado el Proyecto de Barrios Urbanos Deprimidos, para una organización llamada Humanitarian Assistance Programs –HAP (*Programas de Ayuda Humanitaria*), que trabaja con EMDR. Para mi propio trabajo con EMDR, yo había elegido una sección de Brooklyn, Bedford-Stuyvesant, pues quedaba cerca de mi casa y sus residentes tenían una gran necesidad de ayuda. A través de un programa de televisión, me enteré de un grupo de ese lugar llamado PURGE, cuyos miembros eran madres que habían perdido a sus hijos por la violencia armada. (Un elemento esencial del trauma por la muerte de un hijo es la pérdida de elección y control. La hermandad de PURGE ayudó a aliviar esa pérdida iniciando una histórica demanda contra los fabricantes de armas. Al menos, las mujeres tuvieron la sensación que "hay algo que podemos hacer".)

Yo esperaba que lograr un contacto entre HAP y PURGE podía ganarnos la confianza y el acceso a la comunidad, abriendo el camino para el entrenamiento gratuito en EMDR a terapeutas de Bed-Stuy. Para ello, me contacté con las cofundadoras de PURGE, Ivonne Pope y Freddie Hamilton, dos mujeres cuyo coraje las ha convertido en modelos de gran inspiración para mí. El hijo de Ivonne había sido asesinado hacía dos años. Ya había visto a un terapeuta, pero sentía que éste no se podía conectar con su sufrimiento. Cuando le contó que el espíritu de su hijo la había visitado después de su muerte, el terapeuta trató de convencerla de que eso no había sucedido. Ivonne, gracias a su buen tino, dejó ese tratamiento.

Ivonne aceptó probar EMDR. Compartimos una sesión de noventa minutos, durante la cual sus síntomas de TEPT (flashbacks, hiperalerta y culpa irracional) se aliviaron drásticamente. Durante el procesamiento, nuevamente experimentó que su hijo venía a ella. Le oyó decirle: "estoy bien ahora. Siempre estaré con ustedes, cuidando a la familia." Esta fue una experiencia profundamente curativa para ella y también profundamente conmovedora para mí. Una sesión de seguimiento reforzó sus logros y la adentró más en el proceso de recuperación.

Estas sesiones convencieron a Ivonne del poder de EMDR. Nos invitó a mi colega Elaine Alvarez y a mí a una reunión de PURGE un sábado a la noche en Bed-Suty, para contarles a los otros miembros sobre EMDR. Había ocho mujeres en la reunión, y varias expresaron interés en cómo funcionaba EMDR. Elaine y yo ofrecimos darles una experiencia directa. Elaine llevó a una madre a otra habitación, pero una mujer vigorosa, de ojos apenados y doloridos, llamada Ella, eligió tener una sesión delante de las otras porque necesitaba su apoyo. De buen grado accedí a la convicción de su elección y control.

Hacía cinco años, el hijo de dieciséis años de Ella, Martin, estaba jugando básquetbol con un grupo de amigos, cuando fue desafiado por otro chico a quien no le gustaba que Martin hablase con su novia. El adolescente se retiró; retornó con un revólver y, sin ningún aviso, a las 3:14 de la madrugada mató a Martin. Llamaron inmediatamente a Ella, quien corrió a su lado. No tuvo oportunidad de despedirse; ya se había ido.

Ella comenzó nuestra sesión con este desafío:

–Como hombre, no puede nunca comprender esto. Siento como si mi cordón umbilical estuviese todavía atado a Martin.

Utilizando auriculares, Ella recibió estimulación bilateral y alternó entre el dolor y la furia. Todas las imágenes pasaron rápidamente por delante de ella: el llamado, la corrida al lado de Martín, su cuerpo cubierto con una sábana, su mano fría, el sonido de la ambulancia que se lo llevó, el funeral, los días y meses que le siguieron.

Ni una vez, en los cinco años que siguieron al asesinato, se había dormido antes de las 3:14 de la madrugada, la hora en que Martin fue baleado. Salía a trabajar a las siete, por lo que siempre estaba exhausta y necesitada de sueño. A las 3:13 estaba despierta; a las 3:15 estaba dormida. Era un síntoma desconcertante, fascinante, que demostraba nuevamente hasta qué punto los síntomas se basan en la biología. Además de procesar escrupulosamente todos los elementos del incidente y sus efectos posteriores, guié a Ella a focalizar su problema de sueño. Pudo imaginarse quedándose dormida antes de las 3:14.

–Lo creeré cuando suceda –dijo.

Al final de la sesión, estaba asombrada de descubrir que las imágenes que la habían perseguido tanto tiempo se habían desvanecido y su aguijoneo había disminuido. Me agradeció por mi esfuerzo y al grupo, por su apoyo. Las otras madres, todas las cuales habían perdido hijos (en algunos casos, más de uno), parecían haber compartido indirectamente la experiencia de cura.

Tres días después Ivonne me llamó. Me contó que la noche anterior y las dos que la precedieron, Ella se había dormido temprano y hasta la mañana. Un seguimiento a los seis meses confirmó similares resultados.

Regresé sintiéndome más humilde por el contacto con estas mujeres valientes. Me preguntaba cómo hubiese enfrentado yo una tragedia similar. También estaba atormentado por sus historias de otras madres que se habían encerrado en sus casas luego de la muerte de un hijo y nunca habían vuelto a salir.

Un año más tarde realizamos nuestro entrenamiento para terapeutas comunitarios de Bedford-Stuyvesant. Se entrenaron veinticinco terapeutas de agencias comunitarias y aún hoy se provee de ayuda con EMDR a aquellos que lo necesitan desesperadamente. Entrenamientos similares se realizaron en Newark, New Jersey, Washington D.C., Oakland, California, y más allá.

Y decenas de pacientes agobiados por el sufrimiento han recibido curación.

TRAUMA FÍSICO

Un accidente automovilístico es el tipo más común de trauma acotado y sus efectos sobre la persona van a depender de una cantidad de variables: si se ha lastimado y de ser así, con qué gravedad y cuánto tiempo lleva su curación; si alguien más se ha lastimado o resultado muerto y la relación que la unía con esa otra persona; si era el conductor o el pasajero; si la culpa fue suya o del otro conductor. Si una persona queda permanentemente desfigurada por el choque, la cura del trauma es más bien limitada. Pero a pesar de las limitaciones para la cura emocional (la desfiguración misma permanecerá como un recordatorio del accidente), la terapia con EMDR *puede* ayudar.

La memoria visual es un componente importante de la mayoría de las experiencias profundas. Pero en un accidente de automóvil, el sonido (del choque), y el olor (de la gasolina, digamos) pueden dejar una impronta más profunda, que puede no ser detectada en la terapia.

Recientemente supervisé a un terapeuta de EMDR que estaba tratando a una mujer cuyo auto había colisionado con un ciervo. Había sobrevivido con heridas menores, pero su acompañante, una íntima amiga, había muerto. El terapeuta y el paciente habían tenido múltiples sesiones, pero el nivel de SUDS de la paciente nunca estuvo por debajo de 2.

– ¿La procesó a través de la imagen? –le pregunté.

–Sí.

– ¿El sonido?

–Totalmente.

– ¿El olor?

– ¡Ay! Me olvidé de preguntar.

El terapeuta tuvo otra sesión con la mujer. No fue el olor de la gasolina lo que recordó del trauma, sino el olor de la sangre del ciervo. Una vez que ese olor fue procesado, el SUDS cayó a 0. Nuevamente: esto no significa que el dolor de la conductora por la muerte de su acompañante haya desaparecido; esa pérdida era constante y perdurable. Nada podría cambiar esa aplastante realidad. Pero la terapia con EMDR permitió su integración en el sistema nervioso. Lo que sí se desvaneció fueron los síntomas de TEPT, en este caso: flashbacks (incluyendo olor), hiperalerta y culpa irracional.

Al procesar un trauma que consistió en un atraco o una violación, la víctima debe sobreponerse a la sensación recordada del ataque corporal y muy frecuentemente en el caso de ataque sexual, de un olor muy fuerte. La respuesta de una víctima de violación a EMDR puede estar influenciada por el hecho de si el violador fue atrapado o no y por el lugar donde ocurrió el ataque. Pero en todos los casos de hechos brutales, los pacientes exhiben una serie similar de síntomas: flashbacks, hiperalerta, pesadillas nocturnas, amnesia disociativa y otros. Mientras el incidente permanezca trabado en el sistema nervioso, no importa por qué causa, siempre va a abrevar del mismo pozo de síntomas y se va a expresar de una manera universal.

Si en las circunstancias reales de su vida la víctima está ahora a salvo, el trauma tiende a ser más sencillo de resolver. Si el violador es apresado, la creencia que "va a suceder nuevamente" está claramente distorsionada. Si el violador sigue en libertad, entonces la creencia "va a volver y me va a agarrar" puede ser demasiado fuerte, pero tiene una cierta base de realidad. Las situaciones no resueltas impiden la capacidad de una persona de aceptar completamente que un incidente traumático está en el pasado, que ahora está fuera de peligro y que puede seguir adelante.

CLAUDIA: vuelco en un camino rural

A Claudia, una mujer juvenil y sociable, de cincuenta y siete años, le encantaba conducir. Su trabajo como asistente legal le significaba viajar de un lugar a otro en la comunidad al norte de New York donde vivía y trabajaba. Pero muchas veces solía conducir por placer, particularmente en las noches de verano con el aire fresco y el cielo brillante de estrellas. Pero hace cuatro años su automóvil, un Nissan de dos puertas, fue embestido en la parte trasera, en lo que ella había creído era un camino rural desierto.

El conductor del otro vehículo, un Corvette, estaba totalmente borracho. Iba a ciento cincuenta kilómetros por hora cuando colisionó al Nissan; no había marcas de derrape que indicasen que siquiera hubiese intentado evitarla. El Nissan volcó y rodó sobre sí cuatro veces, hasta quedar tendido de lado, con Claudia atrapada entre el metal retorcido. Perdió el conocimiento unos instantes y despertó sintiendo un penetrante olor a gasolina. El motor estaba aún encendido. Aterrorizada, Claudia sabía que había grandes posibilidades de que el auto se incendiase; sin embargo, le llevó veinte minutos de agotadores esfuerzos poder llegar hasta la llave de encendido. Aun cuando había apagado el motor, estaba casi ahogada por el olor y no fue hasta una hora más tarde, cuando la policía pudo rescatarla del vehículo con sierras especiales, que tuvo la posibilidad de respirar aire fresco. El hombre que la había atropellado estaba milagrosamente ileso y había huido, dejando su automóvil allí. Fue fácil ubicarlo (un hombre prominente, hijo de un empresario local con conexiones políticas), pero nunca fue acusado de nada, ni siquiera de manejar ebrio.

Las heridas de Claudia eran serias: lastimaduras profundas, una pierna quebrada y un brazo muy destrozado. A pesar de ello, sus heridas físicas sanaron pronto. Fue para curar su daño emocional que, nueve meses más tarde, vino a verme.

Dedicamos los noventa minutos de nuestra doble sesión inicial a tomar la historia de vida. Tenía temas antiguos (como todos nosotros), pero ninguno parecía profundo y supe que lo primero que íbamos a focalizar era el trauma del accidente. En primer lugar, ella ya no podía conducir e incluso se sentía incómoda cuando alguien la llevaba o cuando salía de noche.

Utilizando EMDR, comenzamos a procesar el accidente. Lo más poderoso para Claudia era el olor, luego la sensación de rodar, después el ruido del choque mismo y el del motor andando. Finalmente, estaba la imagen del parabrisas roto, que a ella le parecía corresponder con su propio cuerpo golpeado y su mente destrozada.

Con estimulación bilateral, el paciente vuelve a pasar gradualmente la imagen, como si proyectara una película en velocidad lenta, cuadro por cuadro. Luego las imágenes se aceleran. Claudia y yo repasamos sus imágenes, desde el choque hasta el arribo de la policía y los paramédicos llevándola con urgencia al hospital en mitad de la noche. Surgieron cuestiones sobre con cuáles miembros de su familia y amigos pudo contar y con quiénes no. Un trauma central era el hecho que el otro conductor había escapado al castigo; la injusticia es un tema común entre las víctimas de trauma.

Una semana más tarde Claudia regresó para una segunda sesión. Su nivel de perturbación había caído de 10 a 4. La guié a través de la secuencia del accidente tres veces, una a la inversa (un abordaje inusual que instintivamente sentí podía ayudarla). Como siempre, le pregunté: "¿le gustaría intentarlo?" y aceptó enseguida. Al terminar la sesión, su nivel de perturbación había bajado a 0. Sin embargo, aún se resistía a sentarse al volante de un automóvil y debía ser conducida por una amiga.

No había pánico en esta resistencia. Su mente (y esto es común en casos de trauma) no podía comprender que conducir iba a ser seguro nuevamente, porque no lo había experimentado. Una sesión de simulacro, donde coloqué mi silla junto a la suya para simular el manejo, no fue suficiente para modificar el punto muerto en el que estaba.

A veces los terapeutas necesitamos salir de la seguridad de nuestros consultorios, y ésta era una de ellas. Decidí convertirme en el "reinstructor" de manejo de Claudia, por lo que sugerí que le pidiese prestado el automóvil a su amiga.

Su amiga fue hasta mi consultorio y nos dejó el automóvil. Claudia se quedó en el asiento del acompañante y la conduje a una calle semidesierta, sin salida. Le di pulsadores de vibración alternada (llamados TheraTapper), que introdujo dentro de su zapato izquierdo y derecho para estimulación bilateral; cuando intercambiamos lugares, me aseguré que no iban a estorbarla cuando llegase a manejar. Pero antes, la guié nuevamente a través de un simulacro de conducción.

– ¿Lista para intentarlo? –le pregunté.

Era fuerte.

–Sí –. Su voz sonó firme.

Sabía que existía el peligro de que se adelantase más de lo que podía, por lo que le indiqué que condujese únicamente hasta un automóvil estacionado unos diez metros más adelante.

–No quiero que conduzcas más allá del auto – le previne. Luego la guié a conducir veinte metros. Luego toda la manzana. A cada experiencia positiva le seguía más procesamiento bilateral.

Finalmente, cerca del final de nuestra sesión, le dije a Claudia que era hora de retornar a mi consultorio.

–Yo conduciré –dijo radiante.

Me recosté en el asiento del acompañante.

–Muy bien –dije–. Puede dejarme en la puerta de mi edificio.

Trauma de combate

Luego de la Primera y Segunda Guerra Mundial, muchos veteranos regresaban con lo que en esa época se denominó "shock de guerra" o "fatiga de combate". Muchas veces terminaron sus vidas confinados en hospitales para veteranos o tenían miedo de abandonar su casa. Estos hombres tenían TEPT severo y hubiesen podido ser mejor ayudados si hubiésemos sabido entonces lo que sabemos ahora. Algunos de ellos aún viven y están internados en hospitales. Estoy convencido que, caso por caso, las penurias de algunos pueden aún ser mitigadas.

El regreso de nuestros veteranos de Vietnam, traumatizados por una guerra que no pudimos ganar, llevó a la designación de TEPT como una categoría diagnóstica. La Guerra de Vietnam fue única. El trauma se intensificó porque los combatientes seguían pocas reglas o convenciones. Era aterrador estar en la jungla con su calor, víboras, barro, sonidos y olores, y el Vietcong explotaba conscientemente ese terror como un arma psicológica. Nuestros soldados era capturados y torturados y sus alaridos pidiendo ayuda se utilizaban para atraer a sus camaradas a los claros de la selva, donde eran ametrallados. La exposición pública de cabezas decapitadas era común (por ambas partes). En Saigón, las mujeres, niños y ancianos que trataban con uno durante el día podían convertirse en asesinos por la noche. Un estado de alerta que podría ser considerado "hiperalerta total" era necesario para sobrevivir "en el campo". Un hermoso paraíso encerraba atrocidades humanas innombrables. Ambos bandos eran testigos de la depravación; ambos quedaron con psiques lisiadas y almas atormentadas.

Si nuestros soldados hubiesen regresado como héroes, su trauma podría haber sido menos pronunciado. En vez de ello, a cuarenta y ocho horas de ser sacados de la zona de combate, se encontraron nuevamente en casa con muy poco o ningún "debriefing", victimizados por la negación y desvalorización nacional. Esto sólo exacerbó los síntomas del trauma, que eran tan severos que muchas veces fueron mal diagnosticados como psicosis.

Yo no fui reclutado debido a una prórroga para estudiantes, pero cuando vi cómo podía ayudar a los veteranos de Vietnam con TEPT, comencé a buscarlos. Para mí, ayudar a estos hombres y mujeres fue un honor. Habían sacrificado tanto; a través de EMDR podía agradecerles.

TIM: Soldado de infortunio [7]

Tim llegó a mí luego que todo otro tratamiento, psicofarmacológico y psiquiátrico, individual y grupal, había fallado. Había sido considerado "no colaborador" por sus terapeutas. Me dijo que yo era su "última esperanza", pero en verdad no parecía tenerla.

Tim era lo más cercano a un robot que yo jamás había visto. Su expresión facial era impávida, su postura corporal rígida, su voz no tenía inflexión. Su forma de hablar era monótona. A mí me provocaba dolor y temor a la vez. De estatura y tamaño normal, en realidad no tenía aspecto amenazador, pero su conocimiento de cómo matar (parecía regodearse en azorarme contándome las cien diferentes maneras con todo detalle) me llamó la atención. Al final de cada sesión, sus ojos se quedaban fijos en los míos y *me clavaba la mirada...*

– ¿Qué está haciendo? –le pregunté cuando sucedió por primera vez.

–Estoy tratando de ver hasta el fondo de su cerebro –me dijo.

Tim había pasado casi dos años en Vietnam, casi todos ellos en combate y ahora, veintiocho años más tarde, todos sus días estaban marcados por flashbacks tridimensionales. Los flashbacks no son inusuales ("puedo verlo como si hubiese sucedido ayer") pero los de Tim eran diferentes. En cualquier momento, de noche o de día, involuntariamente era propulsado de regreso a Vietnam. El calor, las imágenes, los olores y los sonidos del combate en la jungla lo envolvían y se retraumatizaba una y otra vez en una ciclo de agonía inacabable. Había sido llamado a servicio a los veintisiete años, mucho más tarde que la mayoría de los soldados. Cuando regresó, fue poco significativo el contacto con su familia, por más contenedores que trataran de ser. Estaba perdido en su

---

[7] NT: Juego de palabras en inglés: soldier of fortune (soldado de fortuna o mercenario) y soldier of misfortune (soldado de infortunio)

propia maraña de visiones y sonidos terribles.

Los flashbacks no eran los únicos síntomas de Tim. Lo perseguían insomnio, migrañas, dolores de espalda no específicos, y dificultad para respirar. Sin embargo, lo peor era su aplastante sentido de culpa. Había estado en un encuentro cara a cara con un niño de doce años, y era "matar o morir". Eligió sobrevivir. Había "liquidado" enemigos heridos que yacían al costado del camino suplicando ser salvados, en la certeza de cuán letales podrían ser para él y sus camaradas. Una vez se había cruzado con cinco soldados que habían capturado a un vietcong y lo estaban torturando hasta la muerte. A pesar de su rechazo se unió a ellos, sabiendo que si se negaba se volverían contra él. El objetivo fundamental de Tim era regresar vivo y lo había logrado. Sin embargo, lo acosaban la conciencia de lo que había hecho y su incapacidad de perdonarse a sí mismo. Necesitaba mi ayuda desesperadamente y yo juré darle toda la que podía.

Al principio Tim era reticente a compartir mucha de su experiencia conmigo, temiendo que lo pudiera "denunciar" y debiera "enfrentar cargos" por sus acciones. Pero gradualmente comenzó a abrirse y llegó a creer que podría ayudarlo.

En mi consultorio, Tim era muy gráfico y creativo. Una vez señaló un nudo de la madera en la parte baja del vano de mi puerta.

–Ese nudo es una herida de bala –me dijo– y los anillos de alrededor son la sangre manando.

Se puso en cuclillas para rastrear la entrada de la herida y el flujo de sangre. Cualquier cinta o documental sobre guerra, aun representaciones de las Cruzadas o las conquistas romanas, lo gatillaban. Me contó que a menudo se mantenía levantado en medio de la noche, ya fuese porque no podía dormir o porque lo había despertado una pesadilla. Estar con sus propios hijos aumentaba su angustia de haber matado niños: de hecho, había disparado contra una adolescente que, aseguraba, se parecía a su propia hija de dieciséis años, especialmente por su predilección por vestir de negro. No podía mirar a su hija a la cara sin que los ojos de la niña vietnamita le respondieran la mirada.

No había gozado al matar; simplemente había hecho su trabajo y se había mantenido vivo de la mejor manera que pudo. Nos encontramos para una sesión de noventa minutos una vez por semana, y lentamente, sus síntomas traumáticos comenzaron a desbloquearse.

Si las imágenes podían herir, también podían curar. Le pedí que considerara todos los soldados enemigos que había matado y luego calculase cuántas vidas había posiblemente salvado por hacerlo, infundiéndole la idea de que había preservado vidas, además de tomarlas. Calculó que por cada persona que mató había salvado cincuenta vidas, lo que totalizaba quinientos soldados. Le pregunté si podía imaginarlos reuniéndose. Estimulado por el sonido bilateral, los imaginó en un salón de reunión de veteranos, de regreso y a salvo. Por sugerencia mía, visualizó a todos los familiares de cada soldado llegando al salón y muy pronto visualizó un salón colmado de gente viva y feliz. Estas imágenes, guiadas por mí pero evocadas por él, representaban una afirmación concreta, basada en la realidad (en lugar de la abstracta "soy una persona valiosa", algo que él luchaba por aceptar). Se imaginó liderando a los soldados a través de la jungla hasta un claro, donde un helicóptero los llevaría a salvo. Ésta fue una parte importante de su cura, ya que le abrió un sendero que lo sacaba de la jungla donde él había estado, literalmente, atrapado.

A medida que continuaba el procesamiento, los flashbacks cambiaron de tridimensionales a planos; olores y sonidos también disminuyeron y las imágenes podían diluirse o volverse borrosas. Algunas desaparecieron, algunas permanecieron y me preguntaba si Tim había sufrido un encogimiento del hipocampo que no podría superarse. Tuve una sesión conjunta con él y su hija, que lo ayudó a acercarse más a ella y llegaron a caminar juntos por el borde del océano. La playa tenía un significado especial para él y contó que una vez, durante una licencia de descanso y recuperación, se había emborrachado y quedado dormido en la playa; al despertarse, vio a un joven vietnamita saqueando su mochila. Muchos soldados hubiesen matado al joven ahí mismo, pero como no estaba en combate, Tim simplemente lo corrió. El procesamiento con EMDR lo ayudó a integrar este acto caritativo, al igual que cuando tomó bajo su protección a un huérfano vietnamita y le enseñó a leer.

Pudimos infundir la creencia que él no era un asesino a sangre fría merecedor del infierno, sino un hombre capaz de hacer "lo debido". No sólo mantuve una actitud no-enjuiciadora y sostenedora hacia Tim sino que mi genuino respeto y admiración por su coraje lo ayudaron a sentirse valioso. En Vietnam, había logrado su objetivo de regresar vivo. Lo hizo y juntos redescubrimos cuán positivo había sido ese objetivo.

Trabajamos durante un año y medio y aunque nunca logramos llegar a una cura sintomática del cien por ciento, su mejoría del 75 por ciento fue uno de mis éxitos más grandes como terapeuta de EMDR. Desde el principio, creí en la capacidad de Tim de sanar con EMDR, a pesar que un equipo de terapeutas ya se había dado por vencido. Me llamó hace unos seis meses para informarme de su progreso. Había mantenido contacto emocional con su esposa e hijos y aunque a veces se retiraba, siempre volvía, mucho más rápido que antes.

Capítulo 7: Desbloquearse:
Sanar hechos traumáticos de la niñez

¿Hay alguna forma de trauma infantil "peor" que todas las otras? La respuesta es compleja. Depende de la genética, personalidad y ambiente de la víctima, tanto como de la severidad del trauma. El abuso verbal, por ejemplo, es una forma de asesinato del alma y puede ser tan malo como la violencia física; a veces, ser testigo de violencia familiar (testigo de abuso) puede dañar a un niño tanto como ser la víctima directa.

El abuso sexual tiende a crear el peor daño, incluso cuando no ha habido penetración. Pero no podemos comparar el sufrimiento humano; las víctimas de abuso verbal y de abandono emocional también llevan encima un dolor existencial que bien puede demandar atención de los sanadores.

Es difícil saber cuán atrás en la infancia recordamos, aunque se han documentado instancias de personas que recordaban hechos sucedidos tan tempranamente como a los tres a seis meses de edad. Es hasta posible que podamos recordar experiencias intrauterinas y Otto Rank ha postulado que la experiencia del nacimiento es en sí misma un trauma mayor. ¿Lo es? No lo sé. Lo que *sí podemos* saber es que recordamos a través de nuestros síntomas. Ataques de pánico, estados depresivos, reacciones violentas, pueden ser todos recuerdos emocionales desprendidos de los hechos que originalmente los causaron.

Cuando un paciente arrastra un trauma infantil, éste va a emerger en forma relativamente rápida con EMDR, a menos que esté sepultado bajo otras capas de trauma. El poderoso y directo acceso de EMDR al sistema nervioso activa y revela recuerdos traumáticos, así como provee el vehículo para comprenderlos y sanarlos. Aún me asombra el hecho que gran parte del procesamiento del paciente sea interno y rápido y que no llego nunca a observar la mayor parte de lo que conduce a los increíbles cambios. A veces me es difícil aceptar esta pérdida de comprensión y control. Pero es un importante recordatorio de que el potencial de curación se encuentra casi por completo en el paciente.

NED: EL TRAUMA Y EL PERIODISTA

Ned era un periodista destinado por su periódico al sur de Texas para cubrir el cruce de la frontera por los inmigrantes ilegales. Estos hombres y mujeres intentaban entrar a los Estados Unidos vadeando el Río Grande, a veces en su sector más amplio, profundo y turbulento y algunas veces se ahogaban en el intento. En un punto del río hay un remolino que hace que los cadáveres se junten del lado norteamericano, donde Ned muchas veces era convocado para investigar. A veces, veía cadáveres nuevos en este sector, mientras manejaba hacia y desde su trabajo

Conocí a Ned en una reunión de periodistas en Texas, donde surgió el tema del trauma ocupacional. Ned había escrito sus historias de la inmigración unos años antes y aún continuaba perturbado por lo que había visto, pero minimizaba la severidad de sus síntomas. En el mundo periodístico, se asume que los reporteros van a estar regularmente expuestos a situaciones dantescas y está comúnmente aceptado que van a desarrollar lo que un clínico diagnosticaría como síntomas de TEPT. De hecho, cuando los periodistas experimentan flashbacks dan por hecho que éstos son parte del trabajo y los ignoran.

Mientras Ned y yo conversábamos, aseveró apasionadamente que los periodistas que hacen investigación, al igual que los oficiales de policía, los maquinistas de ferrocarril y los técnicos de emergencias de salud, sufren regularmente síntomas de trauma, con los que conviven. Le sugerí que probase EMDR, en la esperanza que si servía para Ned, pasaría la voz a otros reporteros y sabrían que tenían disponible un tratamiento rápido y efectivo.

Ned aceptó intentar una breve demostración. Su imagen del blanco fue el remolino y el olor de los cadáveres, dos elementos diferentes, pero para él, unidos. Su creencia negativa era que "la vida es descartable", que en cierto sentido es verdad, pero para él había tomado un significado traumático. Con la imagen del blanco venía el sonido del torbellino de agua. Ned recordaba a los peones cargando los cadáveres en un camión que luego pasaba frente a él (sentado en su automóvil), impregnando sus sentidos con el olor de la muerte.

–Era un olor como ningún otro –me dijo–. Como nada que yo hubiera olido antes ni después. Algo más allá de lo horrible: no solamente puedo olerlo, realmente puedo sentirlo, ahora mismo siento *el gusto* en mi garganta –una mueca de asco le cruzó la cara.

El olfato puede ser el más poderoso de nuestros sentidos (un hecho que conocen muy bien los fabricantes de perfumes) y este olor todavía lo sobrecogía años después del hecho. Su nivel de perturbación era alto, 8 ó 9, y sentía la ansiedad quemándole la garganta, el pecho y el estómago. Procesando con EMDR, transitó a través de los muchos traumas que había experimentado en su trabajo. Su nivel de SUDS bajó rápidamente, pero se estancó en 2. La imagen del remolino se tornó borrosa pero no desapareció; el olor se redujo pero no lo abandonó por completo.

Terapeutas de EMDR poco experimentados suelen creer que en ese caso, allí debe ser hasta donde puede llegar el paciente. Pero en realidad, la perturbación residual de Ned era solamente una pista diagnóstica de que allí había algo más, algo todavía no revelado. Le pedí que dejara que su mente vagara hacia su niñez; tenía la sensación de que iba a emerger algo relacionado. Casi inmediatamente su nivel de perturbación saltó a un 6. Repentinamente, tenía cinco años.

–El gato –dijo–. Vivíamos en una chacra, una vida rural, realmente dura. Una vez el gato tuvo una camada de gatitos. Yo lo observé todo. Entonces vino mi papá y agarró los gatitos y los tiró dentro de una bolsa con piedras; fue hasta el arroyo y los revoleó adentro. –Meneó la cabeza–. Qué raro. No me había acordado de esos gatitos hasta este momento. En ese entonces pensé que nunca me iba a olvidar.

La conducta del padre de Ned le demostró al pequeño y aún tierno niño que la vida era descartable. Era lo que silenciosamente apuntalaba su creencia adulta negativa. No tenía idea que esos hechos estaban asociados en su mente, pero EMDR se lo reveló.

Mientras procesaba su recuerdo infantil, su nivel de SUDS bajó a 0, y entonces retornó al remolino. ¡Increíble! Su perturbación había desaparecido y las imágenes y el olor ya no estaban. Solamente al localizar y conectarse con su memoria temprana pudo aliviar totalmente los síntomas asociados con los horribles hechos en el Río Grande.

El caso de Ned me recordó una paciente llamada Isabelle, la hija veinteañera de un embajador. Durante años, el ruido de agua corriente y una variedad de olores, particularmente de flores, disparaban en Isabelle sensaciones de pánico y pensamientos obsesivos de muerte. Como terapeuta, uno debe evaluar cuándo el temor a la muerte está dentro de límites apropiados y cuándo no y en el caso de una mujer joven y vital como Isabelle, ese temor era claramente excesivo.

Usando EMDR, regresó al lugar donde vivía con su familia en la India cuando era muy pequeña. Su casa lindaba con el río Ganges. Repentinamente Isabelle recobró la visión de cuerpos flotando río abajo, enmarcados de flores (la ceremonia de inhumación tradicional de la India). A veces su niñera india la había alzado para observar desde la ventana el ritual; en la cultura de la niñera, era considerado hermoso. Pero largamente contenido, éste era el recuerdo que yacía detrás del terror y morbosidad de Isabelle. Una vez descubierto, los sentimientos desaparecieron.

Los casos de Ned y de Isabelle tenían que ver con traumas acotados. En mi experiencia, el trauma infantil reiterado es mucho más común.

RONNIE: EL VUELO DEL CUERVO

Mirar a Ronnie es pensar en el *éxito*. De cuarenta y cinco años, vestido con un traje de marca, camisa blanca y corbata roja clásica, parecía un ejecutivo de nivel medio de una empresa americana. En realidad, era odontólogo y exitoso. Pero la terapia reveló una cantidad de inseguridades que lo habían lisiado durante toda su vida. Me confesó que necesitaba ayuda. Estaba crónicamente deprimido, cojeando por la vida, constreñido por la ansiedad y el temor. Nada le producía placer. No podía sentirse bien consigo mismo, a pesar de su alto rendimiento en su profesión. Tenía un matrimonio estable y dos niños maravillosos, pero se sentía incómodo en su presencia y temía que su esposa lo abandonase, llevándose los hijos. Años de terapia anterior no habían ayudado mucho.

–Fue como poner cortinas en mi celda de la cárcel – dijo.

Como siempre, comencé tomando una historia bien extensa.

Ronnie había sido adoptado al nacer e integrado a una familia que ya tenía dos hijos biológicos, Angie y Charlie, doce y ocho años mayores que su nuevo hermanito.

Aunque la mayoría de los padres adoptivos son cariñosos y generosos, la nueva madre de Ronnie tenía un comportamiento inestable y errático, cariñoso por momentos y abusivo verbal y físicamente en otros. El padre era un hombre pasivo, callado, incapaz de frenar las diatribas de su esposa o de proteger a los niños de ellas. A veces la madre lo azuzaba para que les pegara él mismo al regresar a la casa, como "castigo" suplementario por sus "fechorías".

Lo que más recordaba Ronnie eran las amenazas de su madre de "enviarte de regreso a donde saliste", aunque él no tenía idea de dónde era, sólo que era algún lugar oscuro y desconocido. Como un ritual, la madre empacaba sus maletas, lo arrastraba hasta el auto y se preparaba para partir; solamente sus gritos y promesas de comportarse mejor la inducían a cambiar de parecer.

Los pensamientos de Ronnie muchas veces albergaban fantasías sobre su madre biológica, lo que le traía culpa y temor de que sus padres adoptivos se vengaran negándole amor o echándolo de la casa.

Cuando Ronnie comenzó el tratamiento con EMDR, el primer recuerdo que emergió fue el de su madre adoptiva empujándolo escaleras abajo, llevando sus maletas hacia el automóvil. Le producía tanto terror incluso ahora, cuarenta años después, que sintió correr electricidad por su cuerpo. Pasamos meses procesando esta imagen y su creencia: "mi vida se acabó". Gradualmente, el terror fue reemplazado por furia de haber sido tratado tan cruelmente, seguido de tristeza y dolor por el sufrimiento y los años perdidos por la volatilidad emocional de su madre.

Otra imagen lo perseguía con la misma intensidad: un monstruoso cuervo negro. Repetidamente, en sus sueños aparecía un inmenso pájaro negro volando en la casa, abalanzándose sobre él, picoteándolo y aterrorizándolo. Al procesar el sueño, se dio cuenta de que en realidad había habido verdaderamente un cuervo, un terror real. Su madre, que tenía afición por recoger animales abandonados y tratarlos con más cuidados que a sus hijos, mantenía un cuervo salvaje en una jaula en el sótano. De alguna manera, éste había desarrollado la capacidad de hablar como un estornino: "¡Cállate! ¡Cállate!" gritaba cuando Ronnie se le acercaba. El tono de voz del cuervo hacía eco al de su madre tanto como sus palabras y su miedo al sótano pronto igualó su temor de ser echado de su casa.

El ave era sucia y despedía un olor pútrido. Ronnie vio con horror cómo crecía demasiado para su jaula y su pico se doblaba contra los barrotes hasta que ya no pudo abrir más la boca. En nuestras sesiones evitó la imagen durante meses, negándose a discutirla o a permitirme que lo ayudase a procesarla. Pero cuando finalmente estuvo listo para enfrentarla, el procesamiento reveló enseguida que él se identificaba con el pájaro. Para él, el ave era una representación suya: un animal infecto, un huérfano abandonado, sin valor, atrapado por su madre, prisionero y atormentado.

Como se describió en el Capítulo 2, para que EMDR pueda alcanzar todo su potencial, se debe localizar la imagen del blanco y desarrollar un protocolo sobre ella. Con un trauma acotado, el blanco está ahí y por lo general se procesa rápidamente. Pero en casos como los de Ronnie, hay muchos blancos, muchas imágenes, muchos protocolos. Su caso requirió dieciocho meses de intenso trabajo.

Más allá de las escaleras y el cuervo, utilicé otros dos blancos principales en el tratamiento de Ronnie. El primero tuvo que ver con las fantasías sobre su madre biológica. Su madre adoptiva le había dicho que la mujer era una prostituta, pero durante el tratamiento llegó a entender que no lo era y que incluso si lo hubiera sido, no por ello tenía menos mérito. Advirtió que para su madre biológica haberlo dado había sido una profunda pérdida, una toma de conciencia que desintoxicó la historia de rechazo brindada por su madre adoptiva.

El otro blanco importante involucraba a su hermana mayor, Angie, quien también había sido privada de cariño por sus padres. Cuando Ronnie tenía diez años, Angie se volvió físicamente seductora, induciéndolo a la mutua estimulación genital. Cuando un hombre mayor molesta a una niña, se lo considera abuso sexual; pero cuando la situación se revierte, algunos consideran que es la "iniciación" del niño y dicen que "tiene suerte". Esto es falso: el abuso sexual es abuso sexual y Ronnie estaba traumatizado, ya que su excitación se mezclaba con una intensa culpa, vergüenza y temor. Le llevó mucho tiempo ver que era Angie la que estaba conflictuada, que él no había hecho nada malo, que era la víctima y que aún estaba sufriendo sus efectos.

Durante el procesamiento de sus muchos protocolos, que fueron resolviéndose cada vez más rápido a medida que pasaron los meses, Ronnie atravesó cientos de recuerdos diferentes, que requerían algún nivel de procesamiento. En EMDR, el duelo es una etapa crucial que los pacientes deben atravesar para dejar ir sus traumas. Un estado que puede parecer una regresión es en realidad el reconocimiento del paciente del alto costo y las oportunidades perdidas resultantes del trauma. El nivel del SUDS puede elevarse, pero eso en realidad presagia el dejar atrás y poder seguir. Si el terapeuta interrumpe este trabajo de duelo o no lo apoya, corre el riesgo de retraumatizar al paciente, por negar sus sentimientos y sus pérdidas. Una vez que los pacientes atraviesan esta etapa y comprenden que el dolor es una consecuencia natural del daño del trauma, están listos para continuar en el proceso de recuperación.

Para Ronnie, el tema central era la confusión sobre su identidad. Cuando comenzó a cristalizarse su comprensión de quién y qué era, su ansiedad aflojó, su autoestima se elevó y sus creencias negativas se diluyeron, siendo reemplazadas por creencias positivas tales como "sobreviví por mi fuerza." Comprendió que su identidad era el resultado de todo lo que le había ocurrido, bueno y malo y que negar lo que la vida le había deparado era negarse sí mismo. Estaba hecho de sus experiencias y las integró. Ronnie el cuervo, abrió su jaula y escapó. Batiendo sus alas fortalecidas, se elevó con una nueva perspectiva de las vistas que dejaba abajo. Después de dieciocho meses de tratamiento con EMDR (en oposición a quince *años* de psicoterapia), estaba realmente convencido de que se conocía y estaba bien consigo mismo. Comenzó a valorar su desempeño laboral, utilizando sus dones para ver cambios potenciales en las técnicas odontológicas. Supo que su esposa lo amaba y que él podía mostrarle abiertamente su amor. Se acercó a sus hijos, ya no temiendo que pudieran herirse mutuamente.

El verdadero milagro de la curación y recuperación de Ronnie sólo podía suceder en la seguridad de la relación terapéutica. A medida que los meses pasaban, llegó a confiar en mí, a saber que yo lo aceptaba tal cual era y estaba disponible. Se sintió en control. La relación iba a finalizar no porque yo lo echara sino por su voluntad, cuando estuviera preparado. Al final, sabía que había más descubrimientos que podía hacer sobre sí mismo, pero sentía que había logrado lo que necesitaba. Sabía que podría regresar si lo deseaba, pero había alcanzado (y excedido) sus expectativas y ésta era su verdad.

Luego de varias semanas utilizando EMDR para guiar su proceso de separación, abrió la puerta de mi consultorio y "voló". Mi verdad fue que yo estaba emocionado por su recuperación pero triste de verlo irse.

STELLA: PÁNICO Y LA ESCENA PRIMARIA

El abuso sexual, físico y verbal no son los únicos traumas persistentes que los niños enfrentan. A veces pueden ser traumatizados, involuntariamente, por la ignorancia o falta de conciencia de sus padres.

Stella, una mujer sumisa, en la mitad de sus treinta, vino a mí por recomendación de su médico. Llevaba ropas anodinas, evitaba el contacto visual y hablaba en un susurro, de manera que por momentos yo debía esforzarme para oírla. Hija única, sufría de ansiedad que había avanzado al punto que no podía mantener un trabajo. Era claustrofóbica; entraba en pánico con la sola idea de estar encerrada en un cuarto con el cerrojo echado. Los ascensores la aterrorizaban; cuando quedaba en medio de un embotellamiento de tráfico, quería escapar; temía pasar sobre puentes o viajar en ferrocarril. Eventualmente, esos sentimientos se intensificaron al punto de volverse agorafóbica. Por pura fuerza de voluntad, podía salir de su casa (generalmente para llevar a su hijo a la escuela) pero era una tortura para ella y otras veces debía ser acompañada por una amiga. Cuando estos síntomas duran suficiente tiempo, eventualmente se instala una depresión (la llamamos depresión secundaria). Stella se sentía desamparada y sin esperanzas, atrapada en su red de síntomas, lisiada.

Luego que tres sesiones de EMDR le trajeron muy poco alivio, sugerí que Stella fuese evaluada por un psicofarmacólogo, ya que sus síntomas eran tan inmanejables que un tratamiento exitoso demandaría mucho tiempo. El farmacólogo le prescribió 20 miligramos diarios de Prozac, una dosis leve. Algunos pueden argumentar que la reducción del síntoma por la acción del Prozac era toda la ayuda que ella necesitaba; yo sentía que servía para abrir la puerta a su terapia.

La ayuda puede venir de los lugares más inesperados, como fue para Stella. Cuando su esposo Andy, la llevaba a su primera sesión, le preguntó al pasar:

– ¿Puedes saber cuál es tu recuerdo más temprano?

La pregunta la activó y se convirtió en el primer blanco en nuestra sesión.

–Recuerdo estar tendida en mi cuna –me dijo y repentinamente, las lágrimas comenzaron a surcar su rostro–. No tengo el menor indicio de qué es lo que me está provocando esto.

Confesó un síntoma extraño que era especialmente llamativo. El sonido de estar masticando goma de mascar la excitaba sexualmente... confusa e incómodamente. Se le hacía muy agudo si estaba con su madre, pero aun cuando viajaba en un subterráneo, el sonido la perturbaba y trataba de evitarlo. Síntomas tan extraños dejan una huella para el trabajo terapéutico "detectivesco" y muy a menudo llevan a una experiencia traumática oculta por una disociación.

No podíamos comenzar con un protocolo EMDR completo; aunque la imagen de la cuna le evocaba dolor, era demasiado abstracta para proveer una creencia negativa. Poco a poco, sin embargo, en las distintas sesiones, comenzó a completarse el escenario. La idea "estoy atrapada" emergió, junto con un rápido aumento de su nivel de ansiedad.

La cuna estaba en el cuarto de sus padres (información que Stella pudo corroborar) y tenía el recuerdo de estar ahí acostada, quieta, inmovilizada de terror mientras oía el sonido de sus padres haciendo el amor. Estaba atrapada en el cuarto, en una cuna, con miedo a mirar o espiar. La inmovilidad era psicológica, tanto como física. Llegó a comprender que sus lágrimas en mi consultorio, emanaban del hecho que había algo profundamente doloroso en el recuerdo.

Procesamos este blanco inicial durante nueve meses, en los cuales incontable cantidad de recuerdos cruzaron por su mente, algunos aparentemente significativos, otros no. Recordaba su terror cuando, a los cinco años, había aprendido a leer y vio un titular del periódico contando que una mujer había sido atacada. Una vez evocó la imagen de la hermana discapacitada de su padre, que había venido un día de visita y murió al día siguiente durante una convulsión.

A través de todo ello, Stella continuamente volvía al sonido de la goma de mascar. Le resultaba embarazoso traerlo a cuenta y era reacia a hablar de ello.

–No puedo creer que le estoy diciendo estas cosas, que no le contaría a mi esposo –susurró y entonces me contó.

Era una imagen de sexo oral, de su padre colocándose un condón y su madre mascándolo al quitárselo del pene. Esto puede haber sido una condensación de dos actos separados (colocarse un condón y sexo oral); de todas maneras, estaba acompañada del olor del sexo; mascada y sexo combinados.

Comprendió que su pánico actual era igual al terror que sentía cuando bebé, literalmente atrapada en su cuna, cuando sabía que algo estaba sucediendo pero no sabía qué. Sus imágenes fueron avanzando cronológicamente (una señal clave de curación en el proceso EMDR), ya que durmió en el cuarto de sus padres hasta los cinco años. Había estado expuesta a la escena primaria innumerable cantidad de veces y la integró en cada tramo de su desarrollo en la primera infancia.

Siempre retornábamos a la cuna. La imagen cambiaba constantemente a medida que reexperimentaba el estar atrapada en el dormitorio de sus padres, progresivamente desde el año hasta los cinco. Hubiese sido un error utilizar EMDR para desensibilizar su pánico sin haber logrado descubrir primero sus raíces. Es mucho mejor acceder a la fuente de los síntomas que intentar aliviarlos primero. En el caso de Stella, el acceder y procesar la causa de sus síntomas produjo cambios no sólo en su conexión con el pasado, sino en conductas evidentes del presente. Gradualmente, salió de su caparazón. Podía mantener contacto visual y proyectarse en una voz firme. Su vestimenta se volvió más elegante y femenina. Su pánico disminuyó y su depresión desapareció. Pudo separarse emocionalmente de su hija y comenzó a trabajar de maestra suplente. Aunque su temor al confinamiento había desaparecido, su evitación de lugares cerrados continuaba. Algunos síntomas difícilmente desparecen.

Yo creía que podía enfrentarse a lugares cerrados sin temor, pero me contuve de decirlo.

–Es su elección – le dije–, pero le voy a sugerir que tomemos un ascensor juntos. Usted puede incluso tener puestos los auriculares y oír los sonidos.

Mi consultorio está en el segundo piso de un edificio de tres y ella siempre había utilizado las escaleras para llegar a él. Aunque la evitación era su hábito, le ofrecí estímulo tanto como el poder elegir y, aunque a regañadientes, aceptó hacer el experimento. Subimos y bajamos en el ascensor varias veces y luego retornamos a mi consultorio.

– ¿Cómo estuvo eso? – le pregunté.

–No me gustó.

– ¿Qué pasó con su ansiedad?

–No tuve.

La falta de lógica suele ser común en la recuperación del trauma. Como muchos otros, Stella se sentía perdida sin el pánico que la había acompañado por décadas: "¿qué seré sin él?" Gradualmente, enfrentó el pánico por sí misma; una a una fueron cayendo las fichas del miedo. Como primera medida, tomó el tren a la ciudad con su hija y luego hizo el mismo viaje, sola. Sus éxitos se reforzaban con estimulación bilateral. Acto seguido, pudo pasar por el Puente de Whitestone. Perdió el rumbo, pero se recuperó; quedó atrapada en un embotellamiento de tránsito, pero en ningún momento entró en pánico. Pero esos viajes aún no le "sentaban bien" y cada uno descorrió recuerdos, indicando que su trauma todavía debía procesarse completamente.

Durante los siguientes veinticuatro meses, los recuerdos de estar atrapada en su cuna en el cuarto de sus padres se fueron desvaneciendo por etapas. Gradualmente, el sonido de mascar goma dejó de dispararle una respuesta. Pudo prescindir del Prozac, lo que la llevó a un incremento temporario de su ansiedad, que reenfocamos y procesamos. Y entonces, un día emergió una nueva imagen. Estaba nuevamente en el cuarto de sus padres, pero esta vez estaba fuera de la cuna. Estaba de pie y dio la espalda a la cama, caminó hasta la puerta y abandonó el cuarto, cerrando la puerta detrás suyo, firmemente y para siempre.

JIM: ESCAPE DEL POZO

El trauma infantil se presenta de muchas formas. Cuando niño, Jim no fue abusado, pero el continuo abuso de su padre hacia su madre (en su mayor parte verbal, pero ocasionalmente físico) fue tan dañino como si Jim mismo hubiese sido el receptor de los golpes.

A los veintinueve años, Jim medía más de un metro ochenta y pesaba casi ciento veinte kilos, pero cuando lo vi por primera vez, parecía mucho más pequeño. Sus hombros estaban encorvados, su cabeza gacha y sus ojos bajos, como con temor de enfrentarse a mí, no ya al mundo. Sin embargo, era un hombre realizado por su propio esfuerzo; había transformado sus habilidades informáticas en una exitosa empresa consultora. Había sido capaz de utilizar su talento y empuje con éxito en esa área no conflictiva de su vida.

Sus problemas se daban en las relaciones de pareja. No podía manejar el rechazo de una mujer. Con miedo al abandono, la menor crítica (real o imaginaria) de una novia provocaba un torrente de gritos que terminaban en desesperación. Frecuentemente, el enojo exagerado es un indicador de la presencia de una historia de trauma. Los primeros signos de furia inminente son usualmente experimentados en el cuerpo ("Siento que se me cierra el pecho" o "Me parece que me va a explotar la cabeza"). Estas sensaciones corporales son a menudo recuerdos viscerales de traumas tempranos y su procesamiento tiene el doble efecto de abrir material nuevo y de desactivar la explosividad.

Jim vino a verme porque acababa de romper con su novia de seis meses. Había decidido tomarse una semana de vacaciones practicando surf en Hawai con algunos amigos varones y ella se había quejado por no haber pasado juntos ese tiempo. Expresó su dolor y su enojo (eran sentimientos apropiados, que ella comunicó apropiadamente) y él se enardeció y se volvió abusivo.

–Una vez que empecé –dijo–, no podía parar. Me pasa todo el tiempo.

En los momentos posteriores a este intercambio, cayó en espiral a lo que él llamaba "el pozo."

Procesamos varios recuerdos específicos con EMDR: el abuso del padre hacia su madre; la represalia de su madre, a veces con él, a veces con el hermano de Jim; la muerte de su padre cuando Jim tenía catorce años. Al poco tiempo, Jim comenzó a abusar del alcohol para aliviar su dolor, una etapa que duró siete años. Desesperado, participó de una reunión de Alcohólicos Anónimos y comenzó su recuperación; hace siete años que se mantiene sobrio. (El alcoholismo tiene un aspecto claramente genético y bioquímico, aunque el entorno y la identificación son también factores poderosos. Nunca conocí a un alcohólico o alguien que luche con la adicción que no cargue con una historia fuerte de trauma, a menudo los efectos de crecer en una familia alcohólica. La adicción misma, con todas las experiencias dañinas a las que lleva, se convierte en un nuevo trauma en sí mismo. He encontrado que EMDR, con toda su capacidad potencial para sanar el trauma, puede ser extremadamente útil en el apoyo a la recuperación de la adicción, incluso ayudando a reducir la necesidad que se adueña del cuerpo.)

Focalizamos en la muerte del padre de Jim y en muchos de los incidentes de su propio alcoholismo, pero en nuestras sesiones él veía acercársele la cara deprimida, enojada, desaprobadora de su madre y nuevamente descendía "al pozo". Aunque lo animaba a que viese el pozo como un buen blanco para procesar con EMDR, no se animaba.

–No quiero ni acercarme. Me va a tragar.

Llevó varios meses ayudarlo a Jim a comprender que la única manera de escapar de sus demonios era enfrentándolos (una técnica similar a la de "inundación", utilizada en terapia conductual para desensibilizar las fobias, en donde se ayuda al paciente a reconocer a través de la experiencia, que el problema es solamente el temor, no la situación en sí misma).

–Cuénteme del pozo –le pedí.

–Mide cinco metros de profundidad, un metro cincuenta de ancho, es oscuro, barroso, húmedo y frío.

– ¿Dónde está usted ahora?

Su cara se contrajo.

–Estoy dentro del pozo. Está inmundo.

– ¿Qué sucede cuando mira para arriba?

–Veo el cielo allá arriba. Pero estoy atrapado. Nunca voy a poder salir.

El pozo le parecía verdadero, aunque sólo era una metáfora. Estaba atrapado en su temor y su culpa, remanentes de su autoculpabilidad, terror y experiencias infantiles de ser impotente en una familia abusiva y alcohólica, donde el sufrimiento era una experiencia diaria para todos. Tenía vívidos recuerdos de sí mismo en la adolescencia, esperando en suspenso que sucediera una calamidad y generalmente sucedía, lo que aumentaba su temor. No podía dejar de creer que si hubiera sido un niño más bueno, las cosas no habrían sido tan malas. Su vida familiar era en verdad como vivir en un pozo.

Durante el procesamiento, muchas veces se atemorizó, enojó, entristeció, desesperó y perdió la esperanza de cualquier cambio. En un punto, el pozo se llenó de agua sucia y sintió que se ahogaría. En otro, podía ver a sus padres mirando por sobre el borde, con sus caras llenas de desdén. Y luego el cielo se volvía tan oscuro que no podía ver nada hacia afuera. Experimentó una variedad de sensaciones corporales: pesadez en el pecho, dolor en el hombro, presión en su cabeza. Pero con gran coraje, enfrentaba el pozo sesión tras sesión y se quedaba con la imagen tanto como podía.

Finalmente, desde arriba entraron rayos de sol. El pozo se achicó. Pudo verse a sí mismo emergiendo de él. Luego tomó los fantasmas de sus padres desdeñosos, los tiró dentro del pozo y los cubrió. Pero eran poderosos: veía asomar sus manos, agarrándolo, tratando de meterlo nuevamente en el pozo.

A pesar de ello, cada vez se alejaba más y más del pozo hasta que un día, espontáneamente, comprendió que "el pozo estaba dentro mío." Junto con la conciencia de que el pozo era interior más que exterior sobrevino una epifanía igualmente asombrosa. Había utilizado el tiempo pasado; el pozo *había estado* dentro de él. Ya no estaba más ahí. Los procesamientos posteriores reforzaron su manejo de este nuevo concepto. Cerca del final de sus sesiones con EMDR, una nueva observación lo sobresaltó:

–Hubo buenos momentos en mi familia. Solíamos reírnos mucho.

A esto le siguió:

–Sabe, recibí algunas cosas buenas de mis padres. Tuvo que ser así. Mire lo que logré hacer de mi vida.

Hoy en día, Jim tiene cada vez menos temor a las relaciones. No solamente es capaz de comunicar sus emociones negativas, sino que ha aprendido a hacerlo de una manera constructiva. Tiene aún ocasionales brotes de enojo y tristeza, pero se controla rápidamente. Mantiene ahora una sana relación sentimental. Me contó que la otra noche tuvo una discusión con su novia, pero se reconciliaron y no se fueron enojados a la cama.

Tratamos de asociar la palabra *normal* con nosotros mismos, pero de alguna manera, nunca parece encajar bien. La mayoría de nosotros adhiere al contrato social *simulando* ser normales, pero interiormente estamos luchando con una variedad de fantasías y comportamientos "locos" o "torcidos" que tratamos de mantener escondidos. Nadie sabe esto mejor que los terapeutas. Trabajando con miles de personas, he encontrado historias asombrosas de amor y odio, tragedia y triunfo. Cada una es fascinante e inspiradora. Mis pacientes me otorgan el privilegio de espiar en las ventanas de su alma. Y usualmente, la ventana más clara no se halla en la mente sino en el cuerpo.

Capítulo 8: EMDR y el cuerpo

EMDR es esencialmente un tratamiento orientado al cuerpo. El propósito del protocolo pautado es llegar al cuerpo como contenedor, partiendo desde la imagen del blanco y pasando por la cognición y las emociones. Una vez que el paciente ha reprocesado una experiencia, el paso final que completa la curación es el escaneo del cuerpo. ¿Queda alguna tensión? ¿Alguna molestia o intranquilidad?

Un bebe recién nacido no puede diferenciar entre sensación corporal y emoción. En el cuerpo siente el hambre, el estar sucio, el temor, la frustración y la satisfacción y sólo los diferencia como bienestar o incomodidad. El cerebro reptil y el cuerpo actúan como uno sólo. La incomodidad es incomodidad, ya sea ésta emocional o psíquica. Lo mismo sucede con el bienestar.

CEREBRO, MENTE, EMOCIÓN Y CUERPO

Es absurdo hablar de la mente sin hablar del cuerpo. Emociones, impulsos, pensamientos y deseos están todos completamente integrados en el cuerpo y no pueden ser experimentados sin la participación del cuerpo. Muchas formas de tratamiento psicoterapéutico reconocen este principio y utilizan la bioquímica para dirigirse directamente al cuerpo sin la "intervención" del habla. En contraste, el psicoanálisis se dedica primariamente al intercambio verbal, utilizando los sueños del paciente y el flujo de asociaciones a nivel conciente para acceder a los conflictos, temores y experiencias infantiles que subyacen al comportamiento problemático.

EMDR se ubica en el centro de varias formas de psicoterapia. Si se imagina una rueda con todas las otras psicoterapias como rayos, EMDR puede encontrarse en su eje. Pensamiento, memoria sensorial, emoción y experiencia corporal son todos componentes de la vida psicológica y no pueden ser separados. Si se ignora el cuerpo al tratar de comprender la emoción, se pierde la resonancia del sentimiento. El modo en que demostramos nuestras emociones a través de la postura, la expresión facial y el lenguaje corporal son tan cruciales a la comunicación como las palabras habladas. No existen ni contacto social, relaciones íntimas ni intercambios de negocios sin lenguaje corporal. Porque es aquí donde se expresan los sentimientos inconscientes, secretos, subyacentes. "Te amo", dice la joven a su enamorado, alejándose de su caricia. "No te haré daño", promete el matón, agresivamente, en la cara de su víctima. "Esa es mi mejor oferta", dice el vendedor, transpirando repentinamente, con las pupilas dilatadas. En cada caso, es el lenguaje del cuerpo, no las palabras que lo rodean, el que dice la verdad.

EMDR presenta constantes oportunidades para acceder al significado a través del cuerpo y en algunas instancias, para tratar emociones pre-verbales. Si a los tres meses un bebe cae dentro de una piscina y casi se ahoga, ese trauma se recuerda en la sensación de ahogo, junto con el terror que lo acompañó. Años más tarde, puede aparecer como dificultades respiratorias, quizás asma o ataques de pánico. Experiencias que son reminiscencia del trauma original van a disparar desde el cerebro una liberación de adrenalina que se experimenta primordialmente en el cuerpo. Del cerebro al cuerpo al cerebro es un ciclo que no tiene un verdadero comienzo o final.

CONDICIONES FÍSICAS

Los malestares físicos siempre se acompañan de emociones. Una enfermedad cardiaca, por ejemplo, a menudo dispara una respuesta de pánico o depresiva. La pérdida de una capacidad o del estado de salud pueden lesionar e incluso destrozar tu noción de ti mismo o tu fe en la vida. Desde que nacemos, subconscientemente sabemos cómo trabaja nuestro cuerpo: el flujo sanguíneo, la respiración, la digestión, la liberación hormonal. Esta experiencia existencial va desde nuestro cuerpo hacia afuera y desde afuera hacia adentro; sin embargo, nuestros procesos racionales no suelen registrarlo a menos que algo vaya mal: falta de aire, dolores de pecho, una lastimadura o un corte.

Las sensaciones corporales son una forma de comunicación visceral que al ser procesada con estimulación bilateral ofrecen abundante información.

–Tengo un nudo en el estómago – dice el paciente.

–Siga desde ahí – le responde el terapeuta–, vea dónde lo lleva su mente.

Esta sensación (el estómago crispado) es muy común y puede contener muchos significados. La idea de un *nudo* allí puede ser representativa (el paciente puede haber sido atado en su niñez, o incluso azotado con una soga) o puede ser completamente figurativa, sin ningún significado simbólico directo; a veces se trata de algo intermedio. En el caso de un paciente con tendencia a la ansiedad, el terapeuta puede preguntarse por qué describe la sensación como un "nudo" en lugar de un "ardor", un "peso grande" o un "cuchillo". A veces el misterio se devela y se revelan pistas; otras veces, permanecen oscuras.

–Siento un peso en los hombros–expresa un paciente.

Procese la experiencia y el paciente puede recordar ser empujado o forzado cuando niño. O el recuerdo puede simplemente ser presión de un progenitor exigente. El cuerpo habla en metáforas sensoriales; durante EMDR se ayuda a la mente a interpretarla. El recuerdo se integra en pensamiento y emoción y la curación está al alcance de la mano.

LAS EMOCIONES Y EL CUERPO

Como todo en la mente afecta al cuerpo y todo en el cuerpo afecta la mente, creo que el término actualmente popular "*conexión mente-cuerpo*" es desorientador. La mente y el cuerpo son uno. Una descripción más correcta es *el sistema*, que connota la idea de integración y flujo, donde el flujo es expresión de la emoción.

Las personas que cargan con agobio emocional usualmente lo sienten en el cuerpo, aunque el cuerpo puede disociarse de las sensaciones físicas del mismo modo que lo hace la mente con las emociones. La depresión es habitualmente acompañada de sensaciones de pesadez y sentido de lentitud. La ansiedad trae una tensión en el pecho, ardor en el estómago o dolores de espalda. El TEPT produce hiper-vigilancia y sensibilidad a los sonidos y olores asociados con el trauma.

No hay una línea que demarque el efecto del trauma sobre la mente y sobre el cuerpo. Sin embargo, el cuerpo a veces es "solamente" cuerpo y un psicoterapeuta lúcido se va a asegurar de verificar primeramente, si los síntomas corporales tienen una base física. Hoy en día, un error común de algunos terapeutas es el de tratar ciegamente síntomas físicos como de origen psicológico.

Cuando los terapeutas tratan condiciones físicas como si fuesen emocionales, en el mejor de los casos no están interpretando el mensaje que sus pacientes les están comunicando; en el peor, están poniendo en riesgo a los pacientes. He trabajado con individuos que presentaban los clásicos síntomas de pánico y sin embargo, los estudios médicos mostraron problemas fisiológicos, como disfunción respiratoria o tiroidea. Hice que buscaran primero el tratamiento médico adecuado antes de intentar determinar si era necesario un tratamiento psicológico.

Cuando las sensaciones corporales procesadas con EMDR desaparecen y no regresan, es un indicador diagnóstico (pero no, prueba concluyente) de que el síntoma tenía origen psicosomático. Y si el síntoma no se modifica o vuelve rápidamente luego del tratamiento psicológico, entonces las posibilidades de que el síntoma sea físico y necesite tratamiento médico son mayores o que los conflictos emocionales están enraizados muy profundamente y son extremadamente complicados.

JOAN: el asma y la araña

El modo en que el cuerpo manifiesta TEPT y el desafío de descubrir si una perturbación es física o psicosomática, quedaron demostrados por una paciente mía reciente.

Joan tiene veintiséis años. Hace seis su padre fue atropellado por un automóvil y murió instantáneamente frente a la casa de Joan. Desde la cocina, ella oyó el sonido de los frenos del automóvil y la colisión con el cuerpo, corrió hacia fuera y encontró a su padre tirado sobre el pavimento. Había sufrido heridas internas masivas y fatales, pero a Joan le parecía que simplemente estaba dormido.

Manejó la situación con una asombrosa presencia de ánimo, llamando a emergencias y hablando coherentemente con la policía. Pero quizás lo manejó "demasiado" bien. A la semana del accidente, Joan desarrolló asma por primera vez en su vida.

El asma puede aparecer como un trastorno de origen emocional y sin embargo, todos los análisis médicos sugieren que es de origen físico. ¿Tenía Joan predisposición al asma?

Posiblemente. ¿Era una condición preclínica? Quizás. Sin embargo, mientras procesábamos la imagen de su padre tirado en la calle y el ruido del impacto, tuvo un ataque de asma agudo y luchaba por respirar.

Con su autorización, seguí mi instinto y apliqué suavemente presión sobre sus manos, alternando entre derecha e izquierda. Pensé que quizás el contacto físico podría ayudarla a tranquilizarse. Le pedí que visualizase su experiencia del ataque de asma.

–Tengo una araña enorme en mi pecho.

(Posteriormente me contó que había visualizado esa imagen muchas veces).

Mientras utilizábamos esta versión táctil de EMDR, se imaginaba a la araña comenzando a trepar hacia su garganta y su agitación aumentó. Le di más lentitud al proceso y le hablé tranquilizadoramente

– ¿Qué está sintiendo ahora?

–Está subiendo más.

Durante su procesamiento esta imagen se mantuvo mientras la araña continuó subiendo por su garganta y llegó a su boca. Entonces, imaginó que la escupía al piso, donde al fin la aplastó con su pie.

Su expulsión y destrucción significaron un tremendo alivio y una gran sorpresa. Joan informó que físicamente se sentía un 90 por ciento mejor, pero que le quedaba una aspereza en el pecho. Procesamos esto y la sensación desapareció rápidamente, cuando se imaginó un fresco líquido azul envolviendo sus pulmones. ¿Podría haber sido que su asma era un síntoma de TEPT y la araña simbolizaba el hecho que las heridas de su padre eran internas e invisibles? Es difícil saberlo. Pero al momento de estar escribiendo esto, Joan no ha tenido recurrencia de los síntomas.

Creo que sin EMDR aún los continuaría teniendo. ¿Retornarán por las suyas más adelante o quizás disparados por una nueva experiencia traumática? Solamente el tiempo lo dirá.

DISOCIACIÓN

La disociación de recuerdos traumáticos y las emociones que los acompañan lleva frecuentemente a experiencias corporales alteradas. Algunas personas pueden sentir como si les faltara una parte de sí mismas ("solamente puedo sentirme desde la cintura para arriba"), mientras otras pueden experimentar una variedad de sensaciones extrañas. Una anoréxica distorsiona su imagen corporal, creyendo que está gorda, lo que resulta en un comportamiento de auto-privación de alimentos. Una bulímica bloquea su dolor emocional con una actitud casi adictiva de atracones y purgas.

La *dismorfia corporal*, sentir que una parte del cuerpo es demasiado grande o demasiado pequeña o inusualmente fea (una nariz, por ejemplo), es otro trastorno disociativo. Por ejemplo, una paciente mía sentía que su cabello era repelente a la vista y al tacto. De hecho, su cabellera rubia era un aspecto llamativo de su belleza total, pero su abusiva madre siempre había denigrado su cabello por ser "demasiado fino" (comentario que muchos hubiesen tomado como un cumplido). Cuando focalizamos este síntoma con EMDR, emergieron los recuerdos que se escondían detrás y la mujer recordó innumerables incidentes en que su madre la había golpeado y llamado una "ramera asquerosa", lo que había comenzado cuando ella tenía tres años. Su síntoma cubría y expresaba a la vez los traumas que lesionaban su sexualidad y el sentido central de su misma existencia. Un año de sesiones regulares de EMDR la liberaron de sus traumas y sus síntomas desconcertantes y paralizantes.

El cabello es ciertamente todo un tema para los hombres, pero en el caso de John rebalsaba toda lógica. Era un hombre bien parecido, con cabello largo atado en una cola de caballo.

–Las mujeres lo encontraban sexy – me dijo.

Pero cuando comenzó a tener entradas en la frente, su reacción fue intensa. Mortificación, depresión y una sensación ineludible de falta de atractivo lo llevó a usar sombreros, incluso dentro de las casas.

–Las mujeres ya no me encuentran sexy.

Al tomarle su historia evocó recuerdos de su padre golpeando a John en la cabeza cuando era un niño pequeño. La focalización de sus traumas con EMDR reveló que su síntoma era a la vez literal y simbólico del ataque a su masculinidad. John comprendió que proyectaba sus propias creencias distorsionadas en las mujeres con las que salía, agravando, de esa manera, su sufrimiento. Luego de quince sesiones focalizando sus recuerdos con EMDR, pasamos a lo que quedaba de sus creencias distorsionadas. En dos sesiones habían desaparecido y su tratamiento estaba completo.

CONEXIONES

Los reptiles funcionan bien con sus cerebros reptiles. Los mamíferos se adaptan bien a sus entornos con sus cerebros reptil y mamífero. Nosotros, los seres humanos, con el agregado de nuestro cerebro racional, hemos perdido mucho de nuestro instinto animal, complicando la relación con nuestro cuerpo. En otras palabras, nuestra mayor ventaja como personas es también nuestro mayor déficit como miembros del reino animal.

Si a una nutria de río se la cría en cautiverio y cuando tiene un año se la libera a su hábitat natural, se adapta inmediatamente. Sin embargo, si se intenta el mismo experimento con un chimpancé, éste no va a sobrevivir. Cuanto más alto subimos en la escala filogenética (o sea, cuanto más desarrollados los cerebros), más distante es nuestra conexión con nuestros cuerpos. Es el precio que pagamos.

La adaptación es el resultado de establecer conexiones neurofisiológicas y las personas que tienen problemas de adaptación luchan para realizar estas conexiones. A menudo, la creencia "no puedo hacerlo" se sostiene sistemáticamente ("no puedo atraer mujeres porque mi cabello se está cayendo", "no puedo sobrevivir por las mías") y demasiado a menudo esa creencia se torna autocumplidora. EMDR ayuda a las personas a recuperar las conexiones que se han roto o bloqueado por experiencias traumáticas. Fomenta las conexiones entre las distintas partes del cerebro y del cuerpo dentro del sistema como un todo.

ENRIQUECIMIENTOS

El paso final en el armado del protocolo de EMDR es la localización de las sensaciones corporales. A esto le sigue la aplicación de estimulación bilateral y el comienzo del procesamiento con EMDR. Tiene mucho valor conectarse repetidamente con el cuerpo *durante* las sesiones, trayendo de vuelta al paciente a la experiencia corporal, preguntando qué imágenes evocan las sensaciones corporales. Un terapeuta puede preguntar: ¿Qué aspecto se imagina que tiene la sensación? ¿Qué color, tamaño, forma, peso, temperatura, tiene? (El color activa muchas áreas del cerebro, a la par de tener significado simbólico). Lo que comienza siendo, digamos, un yunque negro sobre el hombro de alguien, puede convertirse en una barra de metal gris y luego volverse una moneda de medio dólar. ¿Cómo pueden describirse neurológica y psicológicamente estos cambios? Realmente no lo sabemos.

Frente a sensaciones corporales negativas, me resulta útil identificar las sensaciones positivas en el cuerpo. Le pido al paciente que me cuente no sólo sobre la tensión y la incomodidad, sino también dónde siente el cuerpo libre, relajado y confortable. Consciente de una sensación de pesadez en el pecho, el paciente se va a sorprender de notar que sus piernas están relajadas. Accediendo a sensaciones positivas y utilizando estimulación auditiva bilateral, muchas veces esa sensación se extiende. El cuerpo se convierte en un agente para acceder a sensaciones negativas *y* positivas, a toda la amplia gama de recursos neurofisiológicos, psicológicos y espirituales del paciente. Identificar lo positivo en presencia de lo negativo ayuda a los pacientes a ver que tienen recursos aun cuando experimentan vulnerabilidad emocional y corporal.

Por definición, psicoterapia significa sanar la mente. Sin embargo, Freud mismo comenzó como neurólogo y reconoció la importancia del cuerpo, identificando que pasamos por fases orales, anales y fálicas, aunque para él, las soluciones definitivas se hallan en el cerebro. En EMDR, una terapia integradora, el cuerpo es un aspecto esencial de la curación.

Cuando pensamos en nosotros mismos, usualmente no lo hacemos en términos de cuerpo. Repetimos a Descartes: "Pienso, luego existo". Pero nuestros cuerpos son nosotros mismos, tanto como lo son nuestros pensamientos y emociones.

La mayor parte de lo que somos no reside en el cerebro anterior; el cerebro cortical solamente corona todo lo que se encuentra debajo. Somos seres físicos, moldeados por la sexualidad y la agresión. Para expresar emociones al hacer el amor, necesitamos tocar y ser tocados. Es la manera más profunda de expresar ese sentimiento más significativo, aunque el abuso y la vergüenza puedan contaminarlo. La sexualidad puede unirnos o separarnos. Cuando se entrelaza con la agresión, puede aparecer como sadomasoquismo, violación y abuso sexual. Éstos reflejan la distorsión de nuestra neurofisiología, del sistema mente/cuerpo.

EN SÍNTESIS

El trauma es parte de la experiencia humana y afecta todos los aspectos del sistema humano. EMDR es un enfoque integrador para sanar ese sistema. Identifica y activa el trauma contenido en el sistema y luego lo libera. El uso del protocolo (y sus variantes) combinado con la estimulación bilateral culmina en el cuerpo y logra los efectos integradores de EMDR, que, por su misma naturaleza, sana sistémicamente. Los terapeutas tenemos muy poca influencia directa sobre el proceso interno de nuestros pacientes, quienes lo experimentan, esencialmente, en forma corporal. Al estructurar el protocolo, nuestra sabiduría consiste en reconocer esta verdad física y trabajar dentro de su contexto.

Sanar el trauma de un paciente es imposible sin sanar el sistema completo, fisiológica, neurobiológica y psicológicamente. El brazo no funciona independientemente de la pierna; de la misma manera, las emociones y pensamientos no fluyen en un sistema diferente del cuerpo. EMDR es un enfoque integrador para un sistema integrado centrado en el cuerpo. Y como veremos en los próximos capítulos, dos elementos esenciales que nos sostienen son el desempeño y la creatividad, aspectos vitales de la curación y de la vida.

Capítulo 9: Lo mejor que puedas ser

En gran medida, el mejoramiento del rendimiento (atlético, artístico, retórico, profesional, social, personal, y de relaciones) se encuentra fuera de la esfera de la psicopatología y el trauma. Pero no por completo: los bloqueos de rendimiento están a menudo relacionados con traumas, aunque no necesariamente en una conexión directa uno a uno con una actividad en particular.

Nadie está libre del trauma durante el curso de su vida. Decir que uno nunca ha estado traumatizado es como decir que tiene un cuerpo libre de defectos, ignorando la genética, la enfermedad, las lesiones y el proceso de envejecimiento. Es más, el trauma afecta todos los aspectos de la persona; sin embargo, hay expertos que trabajan con el mejoramiento del desempeño (algunos psicólogos deportivos) que no se dirigen a traumas pasados que residen en el sistema neurofisiológico del individuo, limitando su enfoque, en cambio, a los procesos emocionales y racionales del presente. Esto puede limitar la efectividad de su trabajo, algo así como cortar las malezas dejando las raíces para que crezcan nuevamente.

Nuestro rendimiento está muy a menudo dificultado por las creencias distorsionadas que tenemos de nosotros mismos, muchas veces en forma inconsciente. Cuando proyectamos estas valoraciones distorsionadas al mundo, nos convencemos que otros (nuestro "público") nos ven de la misma manera crítica. Estas autovaloraciones negativas impregnan todo nuestro *sistema*, distorsionando nuestras imágenes de nosotros mismos y de otros. Pero como no leemos la mente, raramente sabemos lo que otros piensan de nosotros. Aquéllos que sufren de ansiedad social y se aterrorizan de asistir a reuniones y fiestas son un buen ejemplo: en realidad elevan su propia importancia al ponerse ellos mismos bajo un reflector crítico de su propia invención irracional. En realidad, la mayoría de las personas están demasiado preocupadas por cómo ellas mismas están siendo percibidas como para focalizar tanta atención exagerada en el otro.

El desempeño está entrelazado con la percepción, ya sea acertada o distorsionada. Cuando proyectamos nuestras propias percepciones negativas sobre los que nos observan, activamos nuestra ansiedad, vergüenza e inhibición, minando nuestro desempeño. Cuando nos vemos positivamente, nuestro desempeño se realza.

Y el desempeño es una experiencia de todo el día, todos los días. No importa si estamos manejando en una carretera, contestando una pregunta en clase, socializando, contando un chiste en una fiesta o incluso doblando un sobre en una oficina postal: "el mundo entero es un escenario". Aun en los niveles más altos de desempeño (representando Hamlet, jugando en un equipo de ligas mayores de baseball), las personas todavía están lidiando con temas humanos básicos: éxito y fracaso, competencia, logro.

Algunos psicólogos del deporte tienden a trabajar únicamente con visualización positiva, ejercicios de relajación y afirmaciones. Estas técnicas son valiosas en un contexto limitado, pero pierden de vista el hecho de que el deportista posee un sistema moldeado por su historia: lo que pones es lo que obtienes; la naturaleza de la solución está definida por la naturaleza del problema. Resolver problemas sólo en la superficie lleva a una adaptación superficial, no a una resolución. Y estas adaptaciones tienden a tener una duración limitada; el problema muy probablemente va a reiterarse más adelante o va a emerger de otra manera.

El desempeño es en el ahora, en el momento. Bill Russell, una gran estrella del básquetbol de los años 50 y 60, describe el momento en que todos los factores externos al juego (la muchedumbre, el dolor de cuerpo, incluso el resultado) desaparecen y él es uno solo con el fluir de la acción. Es un momento sublime, dice, en el que ganar o perder pierden sentido. Es una fusión del cuerpo y el espíritu, del instinto y la habilidad, de entrenamiento y espontaneidad. Yo he tenido experiencias similares hablando en público (un acto que en una época me aterrorizaba), cuando me conecto con mi audiencia, cuando mis pensamientos y palabras fluyen sin esfuerzo, cuando soy consciente de que estoy expresando mis ideas con el máximo de mi habilidad. En ese momento pierdo conciencia de todo excepto del hecho que estoy haciendo lo que debo, que en ese momento soy lo mejor que puedo ser.

A menudo, las personas que sufren de depresión viven en el pasado, mientras que las personas agobiadas por la ansiedad viven en el futuro. EMDR trae a una persona por entero al presente. La terapia funciona bien en tanto el paciente y el terapeuta están *ambos* en el momento, cuando el nivel más alto de verdad no es entonces o cuándo, sino ahora.

BLOQUEOS DE DESEMPEÑO

¿Alguna vez ha entrado a una reunión con desconocidos y ha sentido que todos lo estaban mirando? ¿Ha experimentado una repentina caída de su confianza en sí mismo en una entrevista laboral o hablando en público? ¿Ha sentido alguna vez en cualquier situación, profesional o social, que usted es inadecuado o un impostor, que "ellos pueden verme realmente como soy"?

Estas creencias y otras como ellas inhiben el desempeño. Algunas veces las personas se ciegan con su grandiosidad; por ejemplo, la desafinada cantante de karaoke que está convencida que canta como Barbara Streisand, o el que se autoengañó creyéndose Casanova ciego a su barriga cervecera y entradas en las sienes. Pero mucho más común es ese sentido de fraudulencia, ese sentimiento de "no soy lo suficientemente bueno (no soy la persona indicada) para hacer lo que estoy haciendo." La mujer en la fiesta que siente que todos la están mirando, que está demasiado o demasiado poco arreglada, que su maquillaje se ha corrido, que va a decir lo que no debe y convertirse en un hazmerreír, está proyectando su imagen distorsionada de sí misma. Lo más probable es que esté presentable y que lo que tenga que decir sea suficientemente interesante.

La fobia social es un versión intensa de la timidez, a veces tan paralizante que incluso impide a los que la sufren ir a cenar con sus amigos. La estimulación bilateral focalizada es una herramienta efectiva para llegar a las raíces de sus causas, como lo es para encontrar el origen de todos los inhibidores del desempeño. Porque la fobia social no surge de la nada sino de experiencias al enfrentar el mundo en etapas anteriores de la vida; su severidad depende del grado de esas experiencias negativas.

Para resolver la ansiedad de desempeño de un paciente de manera efectiva, incluso para remover un solo bloqueo específico, el terapeuta necesita explorar la historia personal del paciente. Puede tener que entrar en dolorosas experiencias del pasado para poder desarmar el obstáculo y ese proceso puede ser perturbador.

EMDR localiza las causas en sus raíces a máxima velocidad, ayudando al paciente a descubrir paralelos entre los hechos pasados y las dificultades actuales en el desempeño. El paciente ve rápidamente que estas conexiones están dentro de su propio sistema.

ARNOLD: ECOS Y ANSIEDAD DE HABLAR EN PÚBLICO

Aquéllos que sufren de temor a hablar en público describen su angustia como peor, incluso, que el temor a la muerte. Como lo describe Jerry Seinfeld[8]: "En un funeral la mayoría de nosotros preferiría estar dentro del ataúd que diciendo las honras fúnebres."

A los cuarenta y seis años, Arnold es un ejecutivo de empresa muy exitoso, muy preparado, que dirige una firma mediana de relaciones públicas. Su trabajo es brillante y ha ganado varios premios por sus programas de marketing. Pero especialmente en reuniones con desconocidos, cuando tiene que "vender" sus ideas, entra en pánico y se "cierra. "

–No conozco bien mi trabajo –se preocupa–. Voy a cometer un error grave; va a costarme la empresa y a dañar mi posición.

No lo ayuda ningún re-aseguramiento, ni de su familia (está felizmente casado, con dos hijos adolescentes) ni de sus colegas. Cuando los ataques de pánico se volvieron tan severos que solamente podía emitir graznidos en sus presentaciones, buscó mi ayuda.

Arnold comenzó procesando el protocolo. En *cinco segundos*, oyó ecos de la voz paterna:

– ¡Cállate, estúpido! –le decía–. No puedes entender nada bien. *¡No sabes de qué estás hablando!*

Ahí estaba. A máxima velocidad.

Una vez establecida esta conexión, los recuerdos de Arnold retrocedieron a sus tres años, cuando recordaba haber oído la burla de su padre por primera vez y luego le brotaron innumerables imágenes de su niñez. Su padre era verbalmente abusivo con su madre y su hermana, en particular con su madre; cuando esto sucedía, Arnold se encogía y se preguntaba por qué

---

[8] NT: Personaje principal de *Seinfeld*, popular serie televisiva norteamericana de los años 90.

su madre no se defendía.

Procesó experiencias más tempranas y mientras iba y venía del pasado al presente, la correlación entre el abuso de su padre y su propio terror se volvió cada vez más clara. Podríamos preguntarnos por qué nunca había visto la relación; parece obvia tal como la presento aquí. Pero él había estado traumatizado, lo que lo llevó a la disociación y desconexión. Necesitó EMDR para reestablecer la conexión y una vez que lo hizo, su vida cambió. Aún sentía una leve ansiedad en las reuniones públicas, pero el pánico había desaparecido y era capaz de presentar sus ideas con voz clara y mente despejada. Podría haber ido más hondo y descubierto más, pero aliviar su terror era lo único que deseaba y no lo presioné. Lo que descubrió fue cuán profundas eran las raíces de su pánico.

EXPERIENCIA DE LA VIDA TEMPRANA

La primera representación en la vida es el nacimiento (o quizás es la concepción). Otto Rank postuló que el nacimiento en sí mismo es traumático y suficiente cantidad de personas parecen haber hecho la relación entre trauma de nacimiento y experiencia posterior de vida como para apoyar la teoría. En mi propio caso, tuve un nacimiento difícil, con el cordón umbilical enrollado alrededor de mi cuello. ¿Explicaba esto mis sensaciones y las imágenes de asfixia que pasaron por mi cabeza en mi primera sesión con EMDR? Quizás sí, quizás no. Pero no descartaría la posibilidad.

Un bebé sonríe. Se da vuelta. Gatea. Comienza a caminar. Cómo le responde la persona que lo cuida es crucial para desarrollar su confianza y sentido de sí mismo. ¿Recibe la criatura confirmación de sus logros de desarrollo? ("¡Mira lo que hizo el bebe!, dice la madre, sonriéndole"). ¿O recibe críticas? ("Siempre revuelves todo"). ¿O, más dañino aún, recibe apatía? ("Ni siquiera mereces ser tomado en cuenta"). Tales respuestas negativas, si se repiten habitualmente, van a ser internalizadas y la criatura las va a reactuar luego socialmente con otros niños, en el jardín maternal y de infantes a los que acuda. Y se desarrollará un patrón de "mal" comportamiento, arrebatos temperamentales, "actings", hosquedad y demás. Esto llevará a más respuestas negativas de sus maestros y los demás niños que sólo servirán para profundizar la imagen negativa de sí mismo y el pobre desempeño de esta criatura.

Estos traumas forman la base de la autopercepción y comportamiento negativo en la vida adulta. Pocos expertos en desempeño hablan del impacto de estas experiencias, pero éstas van directamente al centro del éxito o fracaso de un individuo. El desempeño público y la interacción social involucran un tema básico de confianza, que comienza en la infancia.

Trabajar con celebridades

Para las personas que están expuestas a la mirada pública (actores, atletas, políticos, escritores, artistas, músicos, animadores), los temas de desempeño se exacerban, ya que las celebridades enfrentan situaciones distintas que el resto de nosotros. Entre otras cosas, son tratados como mercancía. Muchos de ellos fueron niños prodigio, valorados no por quiénes eran sino por lo que hacían o producían, y por lo tanto, se disociaron de su ser profundo. Sus dones los llevaron a ser explotados a través de la comercialización, socialización y adulación y se les hizo difícil mantener su sentido de sí mismos. (Este es el motivo por el cual muchas celebridades hablan de ellas mismas en tercera persona o adoptan nombres artísticos).

Vemos a las celebridades no como personas sino como la encarnación de nuestras propias fantasías. (¡Ganamos!, decimos exultantes cuando el equipo que apoyamos gana un campeonato). Pero nuestras proyecciones tienen poco o nada que ver con ellas como personas; son los reflejos idealizados de nosotros mismos, destinados a satisfacer nuestras propias necesidades insatisfechas. La negación repetida de quién es uno en verdad es una profunda forma de abandono emocional.

El "tratamiento especial" que reciben las celebridades puede incluso ser dañino en sí mismo. Por ejemplo, he oído historias de celebridades que recibieron cuidados médicos *inferiores* de manos de profesionales fans, que no podían exigir el cumplimiento de un tratamiento como lo harían con sus otros pacientes. Este cuidado diferente es otra forma de re-traumatización, similar al abandono en su infancia (ya familiar para la estrella) que ignora sus necesidades y vulnerabilidad esencial.

Con los famosos, el terapeuta debe permanecer como el

experto seguro, igual que con todos sus demás pacientes. Los artistas pueden estar a la defensiva ("yo puedo manejar esto, ¡soy una *estrella!*"), pueden llegar arbitrariamente tarde o saltear sesiones, minando así su propio progreso. Muchos se resienten y se sienten amenazados por las figuras de autoridad, ya que como prodigios perdieron su juventud y por lo tanto, desconfían de los adultos. Pero el terapeuta debe mantenerse siempre resueltamente comprometido con la curación de la persona.

Con EMDR, que se basa en un conjunto estructurado de protocolos y procedimientos, el terapeuta tiene que imponer su límite "parental", resistiéndose a los manejos de seducción de la celebridad, tales como: "¿por qué tengo que hacerlo de esta manera? o "¿por qué no puedo hablar de mis problemas, como hice con todos los otros psicólogos que vi"? Resistirse a estos desafíos, guiando al paciente paso a paso a través del procesamiento y reprocesamiento es vital para establecer un entorno curativo. Que el terapeuta imponga su autoridad firmemente y con justicia, demuestra verdadero interés, en contraste con la adulación vacía a la que están acostumbradas las celebridades y les permite entregarse a la cura, que es la razón por la que buscaron terapia.

NIÑOS PRODIGIO

Traté a dos concertistas de piano con historias similares. Ambas habían sido reconocidas como prodigios a los cuatro o cinco años y ambas tenían padres o maestros que abusaron de ellas psicológica y físicamente. Les gritaban si perdían su concentración y golpeaban si cometían un error. Algunas personas extremadamente talentosas asocian su talento con el abuso temprano y abandonan sus dones, lo que les vuelve imposible sentirse seguros haciendo lo que mejor hacen. Pero estas dos pianistas de alguna manera perseveraron, aunque puede especularse que nunca llegaron a los altos niveles que podrían haber logrado. Ambas pudieron sanar con EMDR. Una pudo dedicarle suficiente tiempo a sus ensayos como para recuperar sus habilidades excepcionales. La otra pudo superar su miedo escénico y dio un concierto de reaparición en el Carnegie Hall. Pero más importante aún, ambas fueron capaces de dejar atrás el sufrimiento que habían soportado por décadas.

Cuando un hijo demuestra un talento extraordinario en el campo de béisbol o una hija es un prodigio en la cancha de tenis, los padres, sin darse cuenta, pueden incentivar exageradamente a la criatura por sus propias razones personales. Recientemente, un jugador estrella de los New York Mets decidió abandonar su carrera. Admitió que nunca le había gustado el béisbol; su verdadero amor era el fútbol. Su padre lo había empujado, creyendo que las habilidades de su hijo en el béisbol eran superiores y que en general, ese deporte era potencialmente más lucrativo. Ya sea que haya abandonado por coraje o por desesperación, la conducta del joven declaraba: "jugué al béisbol por él, no por mí. Y ya no puedo hacerlo más."

DISOCIACIÓN ADAPTATIVA

Estás en el Estadio Shea al final de la novena, tu equipo sólo a un punto de definir; estás en el bate, con dos afuera y las bases están ocupadas. El pitcher es famoso por sus bolas rápidas y un dejo de locura. Hay cincuenta mil personas en las graderías y millones más están viendo el partido por televisión u oyéndolo por la radio. Lo que hagas en este momento será informado a millones más en las noticias de la noche y en los periódicos de mañana. ¿Cómo vas a poder desempeñarte bajo semejante presión?

Tienes que disociarte adaptativamente; dejar afuera no solamente la multitud sino también todo pensamiento de fracaso o éxito. Debes ser capaz de focalizar completamente en el pitcher y su bola rápida, de estar dentro de ese momento que dura una millonésima de segundo. Algunos atletas hablan de poder "alimentarse de la multitud": pueden tomarla como agua de un grifo, pero pueden cerrarlo cuando llega el momento crucial.

Los atletas profesionales son en verdad personas realmente excepcionales, no solamente en fuerza (estreche la mano de un profesional y sentirá el poder en el hombro y el brazo); también en su coordinación ojo-mano y su agudeza mental. Desempeñarse al máximo nivel día tras día significa poder sacudirse de encima errores pasados (el juego fallido de ayer debe ser olvidado hoy), el escrutinio constante, la finitud de su contrato o el hecho que su esposa está por abandonarlo por el pitcher de un equipo rival. *Debe* disociarse o va a fracasar.

La capacidad de disociarse de manera creativa y adaptativa es esencial para cualquier desempeño, a cualquier nivel. La necesidad solamente se magnifica cuando se trata de un desempeño profesional. El concertista de piano, el actor, el abogado en un juicio y el cirujano, deben todos aprender a lograr altos niveles de focalización o no van a poder maximizar sus habilidades. En este estado de concentración, la persona puede permanecer completamente ajena a las sirenas y chirridos de neumáticos de una persecución policial cercana.

Pero usualmente esta disociación adaptativa no sucede sin disociación inadaptada. Y algunos la sufren más que otros. Una vez atendí a un jugador de béisbol que se encontraba en un obstinado decaimiento. Realizamos el protocolo EMDR.

– ¿En qué parte de su cuerpo lo siente? – le pregunté.

–Está en mi estómago... pero no lo siento – respondió. (Eso significa: "estoy disociado de mi cuerpo.")

Resultó que su padre había sido brutal con él y la disociación que desarrolló se convirtió en su protección. Se sentía bien cuando le pegaba bien la pelota, pero cuando las cosas iban mal, sus decaimientos eran prolongados y dolorosos. Al fin vino a verme. El decaimiento estaba relacionado con su percepción de sí mismo.

–No puedo ocultarlo. Soy realmente un inservible.

En la primera sesión con EMDR, recobró su entusiasmo y en la segunda, recuperó la confianza Tuvo una racha de logros increíbles en el juego que duró seis semanas. No lo atribuyó todo a EMDR, ya que eventualmente hubiese salido de su decaimiento. Pero el efecto de las sesiones pudo verse inmediatamente.

PETE: PELOTA ALTA

El pitcher Carl Mays una vez mató a un jugador llamado Ray Chapman con una pelota rápida que le dio a Chapman en la cabeza. El trauma de esta experiencia destruyó la carrera de Mays. Desarrolló tanto temor de pegarle a alguien más que ya no fue efectivo. Hace unos años, un jugador lanzó una pelota hacia las tribunas; la pelota pegó a una niñita, fracturándole el cráneo. En ese tiempo, el bateador estaba pegando por sobre .300. Después del incidente, su media bajó a .225 y su juego, hasta entonces impecable, se deterioró por un montón de errores. Nadie se dio cuenta, pero para mí era un claro caso de TEPT.

A Pete, un paciente mío de las ligas inferiores, le impactó una pelota alta, un hecho que tuvo profundos efectos físicos y psicológicos. Lo compensó y logró llegar a las ligas mayores, pero siempre estaba esperando que sucediera un accidente. Un síntoma fuerte de TEPT es el temor exagerado a la recurrencia del hecho traumático. En el caso de Pete, este síntoma se expresó tres años más tarde jugando de local, cuando una tirada fulminante le pasó justo sobre la cabeza. Se derrumbó inmediatamente, no sólo en el bate y en el campo, sino también en la sede del club, donde se aisló de sus compañeros de equipo, su manager, la prensa e incluso de su esposa. Se sentía sin esperanzas, y el psicólogo deportivo del equipo no pudo ayudarlo.

Cuando Pete vino a verme, focalizamos en el evento disparador. Comenzó con el impacto de la pelota alta en las ligas menores y de ahí saltó a un accidente automovilístico cuando tenía cuatro años. El automóvil de la familia había sido chocado de atrás, pegó en la pared de un puente y quedó sobre su lado, de manera que todo lo que él podía ver era el agua debajo. Pete no tenía un recuerdo consciente del accidente hasta que surgió durante nuestra sesión, pero una vez que lo recordó, fácilmente pudo relacionarlo con la total pérdida de control que sintió luego del impacto de la pelota alta. En realidad, si hubiésemos procesado solamente el impacto (o si no hubiésemos utilizado EMDR), quizás nunca hubiese recuperado totalmente su equilibrio.

Solamente después que Pete hubo procesado las escenas de la pelota alta y el accidente, pudimos abocarnos al evento disparador, la tirada fulminante del pitcher. En cinco minutos el nivel de SUDS bajó a 0. Su trabajo estaba esencialmente terminado. Seguí su progreso en los periódicos y en la televisión. Inmediatamente tuvo una racha de bateadas exitosas y su juego volvió a la normalidad. Al poco tiempo, cuando mi familia y yo estábamos mirando un juego televisado, lo vimos batear una pelota fulminante para un largo home run. Cuando el locutor se sorprendió en voz alta: "¿qué ha pasado con Pete?", sonreí. Sabía la respuesta.

SEGUIMIENTO

Al trabajar con desempeño, EMDR no logra éxito en una sola sesión. Si en la actividad inmobiliaria la consigna es "ubicación, ubicación, ubicación", en el trabajo de desempeño con EMDR es "seguimiento, seguimiento, seguimiento". Sin seguimiento, puede suceder cualquier cosa. Al barajar nuevamente los naipes, el desempeño puede mejorar o declinar temporalmente. Cuando se han abierto temas negativos sin un total reprocesamiento, hay peligro de regresión. Si el paciente *parece* relajado, pero no se ha trabajado lo suficiente, surgirán problemas. Con Pete, por ejemplo, tuvimos seis sesiones de seguimiento y muchas llamadas telefónicas cuando estaba de gira.

Al principio de mi carrera con EMDR, trabajé con un equipo de tenis de la secundaria. Los jugadores se desempeñaban bien en los singles, pero tenían problemas en los dobles. Invitado por el entrenador, trabajé con el equipo estrella de dobles en una gran sesión que nos dejó a los tres encantados. Salieron... y perdieron, aunque se sentían muy bien. Al final de la primera sesión, yo no sabía lo suficiente como para decir:

–No podemos prever cuál va a ser el efecto de esta primera sesión. Cuando vengan la próxima vez, podemos comenzar a evaluar los efectos del trabajo. En otras palabras, no los eduqué en la necesidad de seguimiento.

En el seguimiento, primero evaluamos qué ha cambiado para bien. Entonces reforzamos lo positivo con más EMDR y estimulación bilateral. Revisamos los aspectos negativos remanentes y luego continuamos procesando estas áreas problemáticas, que generalmente en ese momento han menguado y son ya más identificables. A través de todo el proceso, educamos al paciente sobre qué esperar y (en especial con artistas y deportistas que están de gira permanente) los entrenamos en técnicas que puedan hacer solos, lejos del consultorio, con casetes de estimulación bilateral musical, que los ayudarán a relajar tanto la mente como el cuerpo a fin de que puedan desprenderse de lo negativo en cuanto surge e incrementar lo positivo. Estas cintas son muy efectivas si se utilizan quince a treinta minutos antes de un juego o una función: ayudan a mantener el sistema en equilibrio, alerta pero no hiper-alerta, relajado pero no fuera de foco.

Aún así, el trabajo fundamental de EMDR debe ser realizado cara a cara: en el consultorio o, si es necesario, en la casa o la oficina del paciente. Como siempre, la confianza es el factor esencial. Una persona coloca en las manos del terapeuta la responsabilidad de hacer algo que él o ella no pueden hacer solos. Con las celebridades, esta relación tiene que dejar en claro que la explotación no tiene lugar y la confidencialidad está garantizada. Las estrellas tienen todos los motivos para ser desconfiadas (piensen en los aprovechadores); muchas han tenido más experiencias humanas negativas que positivas. El trabajo con EMDR les permite ser ellas mismas.

VLADIMIR: DESPUÉS DE LA CAÍDA

EMDR ayuda a actores y músicos a solucionar una gran cantidad de dificultades que se interponen en su camino. Trataré la creatividad (indispensable para todas las personas que deben desempeñarse con excelencia) en el próximo capítulo, pero a menudo, lo que aparece como un simple trauma físico requiere una curación más profunda antes de poder continuar con la actuación.

Vladimir es un concertista de violín que recientemente se cayó de una escalera, lesionándose severamente la muñeca derecha. Considerando la destreza necesaria para ejecutar el violín, ésta era obviamente una lesión severamente traumática, que ponía en peligro la fuente de ingresos de Vladimir, su expresión creadora y su reputación. Sanarse de semejante herida se vuelve un proceso de mucha carga emocional. Al adaptarse a las lesiones, las personas suelen comenzar a moverse de manera diferente, abriendo así el potencial para otras lesiones. También pueden perder su confianza en el proceso de recuperación ("¡no volveré jamás a la profesión que amo!") y pueden surgir cuestiones de culpabilidad y auto-reproche ("¿cómo pude haber sido tan estúpido?").

Vladimir no se estaba recuperando con la rapidez que habían previsto sus médicos. ¿Se trataba de una causa física o psicológica o una interacción de ambas? Si en la terapia se hubiera concentrado simplemente en la lesión y sus problemas de recuperación, habría logrado algún éxito muy limitado, en el mejor de los casos. Algunos terapeutas hubiesen intentado solamente devolverlo a los escenarios (con el objetivo de lograr "la mejor adaptación posible"), pero yo creía que podía ir mucho más lejos.

A través del procesamiento con EMDR, surgió que Vladimir era ambidiestro, aunque inclinado a utilizar la mano zurda. En su casa y en la escuela, sin embargo, sus padres y maestros lo habían obligado a utilizar su mano derecha. Esta coerción no sólo lo afectó físicamente, sino que también obstaculizó su habilidad para aprender. Creció con la idea que "hay algo que está mal en mí" y "no puedo pensar bien". Al final, se afianzó en la escuela y en el hogar, pero le llevó cuatro o cinco años y aún iba a la zaga de otros chicos tanto social como académicamente, con un ardiente deseo de alcanzarlos. ¿Podría haber logrado su triunfo *por* su deseo de compensación? Es imposible decirlo; una vez que se destacó como violinista, el tema fue olvidado. Pero la lesión lo trajo de vuelta con toda la fuerza. Su cognición negativa "hay algo que está mal en mí" estaba obviamente relacionada con los efectos físicos del accidente, pero era también el indicio de problemas anteriores.

Llevó cinco sesiones dobles con EMDR para que Vladimir conectara su circunstancia presente y su experiencia temprana. Ningún terapeuta puede informar al paciente sobre esta conexión de manera efectiva; a su tiempo, va a tomar sentido para él, sistémica y orgánicamente. Pero, una vez integrada, lleva al paciente a un nuevo nivel de equilibrio.

Vladimir eventualmente volvió a los escenarios a dar conciertos. Su lesión lo había perjudicado en unas pocas áreas técnicas, pero gradualmente llegó a sentir que tocaba mejor que nunca. Creía que sus actuaciones tenían más realce, eran más creativas. Sintió que se conocía a sí mismo más plenamente y que el instrumento, tan parte de él como sus dedos y su corazón, expresaba más completamente sus sentimientos. Dos sesiones más lo ayudaron a profundizar estas percepciones.

Al proveer acceso al sistema corporal y su vasto potencial, EMDR puede llevar a los artistas, y a todos nosotros, más lejos de lo que hemos logrado, a un nivel más alto de eficiencia. No solamente cura el trauma; toca la parte de nosotros que llamamos nuestro yo creativo.

Capítulo 10: Ampliar la creatividad

Cada uno de nosotros (del niño al anciano, del oficinista al escultor) expresamos a diario nuestra creatividad. Cuando envolvemos un regalo de Navidad, bailamos, cocinamos, escribimos una carta, compramos acciones o hacemos el amor, estamos siendo creativos. El hombre de negocios que cierra un trato es creativo como lo es el científico, el maestro, el mecánico, el zapatero. *El pensamiento* es creativo. Aquéllos que dicen ser "poco creativos", simplemente no comprenden el completo significado de la palabra.

Sin embargo, cuando hablamos de creatividad, por lo general queremos significar creatividad *artística*. Y aquí es cierto que algunas personas (el pintor, escritor, músico, director, coreógrafo) son más creativas que otras. Mike Vance cofundador de la Asociación Americana del Pensamiento Creativo (Creative Thinking Association of America) define la creatividad como "la creación de lo nuevo y el reacomodamiento de lo viejo de diferentes maneras", y Edward de Bono, una autoridad en el campo del pensamiento creativo, expresa: "en el nivel más simple, "creativo" significa dar existencia a algo que no estaba allí antes". Ambas definiciones son aplicables al arte, ya sea amateur o profesional.

Creo que la creatividad artística, en oposición a la creatividad de la vida diaria, proviene de dos fuentes: la capacidad de percibir lo que la mayoría no percibe y realizarlo de manera única y la habilidad de utilizar cosas familiares para producir algo original. Esa creatividad emana desde adentro, generada espontáneamente y luego refinada. Requiere apertura emocional, flexibilidad mental y conciencia de sí mismo. Y en todos nosotros, puede ser ampliada con EMDR.

DESEMPEÑO VS. CREATIVIDAD

Enriquecer el desempeño y enriquecer la creatividad tienen paralelismos obvios pero también claras diferencias. El mejoramiento del desempeño requiere el cambio de la experiencia interior a tareas de conducta específicas. Una vez que has removido el bloqueo, aún debes realizar una tarea específica; aún debes *pegarle* a esa pelota de *baseball*. Por el contrario, ampliar la creatividad se relaciona más con la apertura interior y la espontaneidad. Una vez eliminado el bloqueo, la creatividad surge naturalmente y comienza a fluir.

Por ejemplo, el bloqueo del escritor puede reducirse o desaparecer simplemente focalizando y procesando a través de las causas experienciales e históricas del bloqueo. En efecto, el escritor no tiene que *hacer* específicamente nada más allá de retomar sus patrones previos de dejar fluir su imaginación en la página (aunque el acto físico de escribir es en sí mismo un "desempeño"). En contraste, el trabajo con EMDR para el desempeño debe llevar a mejoras específicas en la tarea y funcionamiento de la conducta; implica una focalización y acotamiento.

Otro contraste es que aquéllos involucrados en el desempeño de alto nivel están usualmente focalizados externamente sobre sus actos y pueden estar disociados de sus procesos internos; procesos a los que debe accederse o la creación al nivel más profundo será imposible. El concertista de violín (o cualquier intérprete o ejecutor de las artes creativas) combina ambos: foco externo *e* interno. (Aunque cuántas veces se ha escuchado decir que un violinista es "técnicamente soberbio pero le falta corazón"; y que Arthur Rubinstein tocaba las notas equivocadas, pero aún así fue uno de los más grandes pianistas de todos los tiempos.) La naturaleza de la tarea determina el balance entre creatividad y desempeño.

LOS TERAPEUTAS Y PACIENTES DE EMDR COMO CREADORES

EMDR es a la vez un método y una forma de arte. Cuando un paciente se mueve rápidamente de pensamiento en pensamiento y de recuerdo en recuerdo, eso es, en sí mismo, un proceso creativo. La interacción entre terapeuta y paciente es también una forma de arte.

Por su naturaleza, la creatividad tiene lugar en el momento. El terapeuta sintoniza y escucha en el momento, luego fluye con sus pacientes dondequiera que éstos vayan. EMDR es tan estructurado, con su protocolo pautado, que parece menos creativo que el psicoanálisis de libre asociación o la terapia gestáltica. Pero no es el caso. De hecho, esa estructura es el soporte de una creatividad fenomenal. El poeta que trabaja dentro de una forma estructurada (digamos, un soneto) puede crear maravillas de belleza y significado; el músico puede tomar la forma o estructura de la sonata y llegarnos al alma. Picasso y Jackson Pollock fueron maestros de la línea y la forma.

En terapia, cuanto mayor es el acceso del terapeuta al sistema corporal de una persona (el cuerpo inconsciente), más disponible estará para la creación en-el-momento. La curación es en sí misma espontánea y creativa, hecha de incontables momentos que avanzan entretejiéndose en una tela única. EMDR trabaja con activación dirigida de la experiencia sensorial, cognitiva, afectiva y corporal; todas en el momento. No trabaja con lo que sucedió *entonces*, sino con lo que el paciente está experimentando *ahora*. La cognición negativa del paciente no es cómo se pensaba aquella vez sino lo que cree *en este momento*. La activación de la imagen, sonido, olor y emoción, y la conciencia de dónde se sienten en el cuerpo, abren las puertas al procesamiento creativo de EMDR.

Hay una correlación entre EMDR, el jazz y la improvisación actoral: dentro de una estructura, el terapeuta hace un "riff"[9]. Un terapeuta necesita un buen oído, no solamente para escuchar al paciente sino también para percibir el tono de su voz, el nivel, su volumen y su ritmo, y también la "letra" hablada que revela lo esencial de él. Cuanto mejor su oído, más capaz será el terapeuta para escuchar el inconsciente y la resonancia del cuerpo.

MENTE Y PENSAMIENTO

La gente tiende a confundir el *intelecto* con la *intelectualización*. Cuando los pacientes procesan con EMDR, algunas veces me dicen como disculpándose, "estoy en mi cabeza," como si hubiera algo malo en ello, como si en vez debieran estar sintiendo. Pero *el cerebro racional es una parte fundamental del sistema general* y usualmente el pensamiento adquiere un rol central en los últimos pasos de la curación, de la misma manera que lo hace el cuerpo al comienzo de la misma.

Inteligencia y pensamiento son partes integrales de la

---

[9] NT: término utilizado en el jazz; indica fraseos y notas musicales de corta duración repetidas insistentemente durante el transcurso de una canción

creatividad. La confusión se produce cuando utilizamos la intelectualización para negar o evitar, y cuando la racionalización reemplaza al pensamiento significativo. La intelectualización tiende a bloquear la creatividad. Pero en general, el proceso intelectual es un componente necesario del don creativo, el cerebro izquierdo y el derecho trabajando unidos. Cuando las personas piensan intensamente durante EMDR, suelo decirles:

– ¿Sabe? Estar en su pensamiento es exactamente donde usted debe estar ahora. Siga con eso.

Mis pacientes, en particular aquéllos que han hecho terapia anteriormente, me miran sorprendidos. Sus terapeutas anteriores les dijeron que "dejen de intelectualizar, dejen de racionalizar" y aquí estoy yo diciendo justamente lo opuesto. El pensamiento puede servir tanto como un obstáculo o como un facilitador de la curación.

CREATIVIDAD EN LA NIÑEZ

Nuestra creatividad es más accesible durante la niñez, cuando su lenguaje es el juego. Pero gradualmente perdemos contacto con nuestra parte creativa. Como adultos, no tenemos tiempo para jugar o lo consideramos improductivo e inmaduro. Perdemos nuestra fe en la magia y la fantasía, tan esenciales para el proceso creativo. EMDR, al acceder a la mente pre-verbal, al inconsciente y al cuerpo, nos reconecta con nuestro ser creativo.

El niño o niña inusualmente creativos pueden ser percibidos como una amenaza, tanto por otros niños como por los adultos. Entre el uno y el cinco por ciento de la población mundial está artísticamente dotada. Como expresa Alice Miller en su libro, obra de referencia, *El Drama del Niño Dotado*, este don puede ser tanto una maldición como una bendición, ya que los dotados suelen ser excluidos, percibidos negativamente durante su niñez por sus pares, padres y maestros. El mensaje que le envían es "estás loco, eres diferente, eres malo". Esta exclusión resulta especialmente traumática para los niños dotados, dada su exquisita sensibilidad.

Algunos niños dotados son cuidados por los adultos. Otros rompen su aislamiento encontrando un buen amigo también dotado. Sin embargo, para algunos el trauma es demasiado grande y se aíslan dentro de sí mismos. Afortunadamente, la adultez da oportunidades para que la creatividad reprimida emerja y para que los dotados puedan conectarse con otros. No es casual que los grandes movimientos en las artes (la composición musical del siglo diecinueve, el Impresionismo francés, la novela rusa) surgieron de un determinado grupo en un determinado lugar, ni que los actores y escritores tiendan a juntarse. Es entre ellos que los creativos encuentran un hogar, donde están libres de decir lo que piensan a otros que los entienden.

Se requiere creatividad en toda terapia, pero es especialmente crucial en la curación de los dotados, en particular aquéllos heridos en su niñez. Las personas creativas tienden a procesar de manera diferente con EMDR, algunas veces abstractamente con música, luz o color.

Traté a un músico y pintor que había sido abandonado por su madre a los seis años. Su procesamiento comenzó con la imagen del blanco de ella yéndose, la creencia negativa "no merezco nada" y el nivel de SUDS, 10. Durante el procesamiento compuso música y pintó coloridos remolinos. Luego de cuatro sesiones el protocolo se había completado y no quedaba ninguna imagen ni perturbación. Admitió que esta resolución sucedió sin que hubieran pasado por su mente palabras o pensamientos durante las sesiones con EMDR.

Si un terapeuta de EMDR no está orientado creativamente, puede, como si fuese un padre o maestro insensible, retraumatizar a pacientes creativos al no captar sus señales y tratar de redirigirlos o controlarlos. Las personas creativas tienden a procesar más profunda y rápidamente; sus "saltos" pueden ser asombrosos y desconcertantes. Quizás eran así cuando pequeños, cuando no fueron comprendidos y fueron etiquetados como niños con "dificultades de aprendizaje". Con EMDR, el terapeuta creativo puede realizar "dáctilo pintura" con el paciente sin miedo a "ensuciar".

EMDR también puede ayudar con la memoria y la concentración. Varios terapeutas me han contado que cuado sus pacientes niños oyen CDs bilaterales mientras estudian para sus exámenes, retienen más información y se sienten con mayor confianza en sí mismos. Estos datos han sido confirmados por una investigación que conduje junto con el EMDR Institute sobre CDs BioLaterales.

Los adultos también encuentran beneficios al estudiar con sonido bilateral continuo. Hal era jun joven abogado que había desaprobado tres veces su examen para la magistratura. Mientras estudiaba para su cuarto intento, se puso tan ansioso que se encontró releyendo las mismas páginas una y otra vez, sin retener ninguna información. Llegó al punto de tener miedo de tomar un libro de leyes. Dos sesiones con EMDR aflojaron su ansiedad y cuando se estimulaba bilateralmente con sonido a través de auriculares, pudo concentrarse. Unos meses más tarde, me llamó para decirme que finalmente había aprobado sus exámenes.

La próxima vez que un nombre o pensamiento se borre de su mente, trate de mover sus ojos o apretar sus puños de izquierda a derecha. La estimulación bilateral es asombrosamente efectiva para recordar información perdida difícil de recuperar.

MITOS DE LA CREATIVIDAD

El estereotipo del artista profundamente problematizado avala la falsa idea que las experiencias traumáticas generan creatividad. De hecho, el trauma produce síntomas que bloquean el proceso creativo al limitar el libre acceso del artista a la mente inconsciente, la intuición del cuerpo y su receptividad sensorial.

Otro mito es que un artista necesita una moderada cantidad de ansiedad a fin de lograr su mejor desempeño. Creo que sosteníamos esta creencia porque antes de EMDR carecíamos de herramientas para permitir un desempeño óptimo, libre de ansiedad. Es semejante al falso concepto sobre el trauma antes de EMDR: "nunca podré sobreponerme" y "veré esa horrible imagen por el resto de mi vida". Sin embargo, he utilizado EMDR para ayudar a actores, cantantes y bailarines a subir al escenario, libres de ansiedad. Cuando el cuerpo está relajado, las conexiones se abren, la creatividad fluye y el desempeño toma alas.

BLOQUEOS EN LA CREATIVIDAD: EL BLOQUEO DEL ESCRITOR

Los escritores que "no pueden" escribir tienen la cognición negativa de "no soy tan bueno; no debería ser escritor; nunca escribiré nuevamente". Se vuelven ansiosos, deprimidos e inmovilizados tanto física como mentalmente. Están bloqueados.

¿Cómo no va tener una base traumática este problema?

Por cierto que malas críticas o ventas escasas le dificultarán a un escritor el seguir adelante; a nadie le gusta el rechazo. Pero los bloqueos creativos usualmente vienen de la infancia, particularmente cuando los aspectos creativos de la niñez, la alegría y el juego, pueden haber sido aplastados.

El boqueo del escritor puede ser comprendido desde el punto de vista de los estados del yo. A Tess le habían encargado escribir una novela, pero sentía que estaba bloqueada por algo o alguien fuera de ella misma. También tenía un crítico interior que no dejaba de reiterarle: "eres una escritora mercenaria, ¡eres un fraude!". La guié a que llamase a este yo crítico a la habitación y lo hizo. Espontáneamente visualizó una adolescente de catorce años enojada, frunciendo el ceño. Tess se dio cuenta que a los catorce sus padres se habían divorciado. Su ánimo había cambiado: se sentía incomprendida y deprimida y se volvió frustrada y rebelde en casa y en la escuela. Durante la sesión, activada por estimulación bilateral sonora, imaginó su yo adulto competente y responsable aproximarse con cautela a su yo adolescente crítico. Llevó tiempo y sensibilidad, pero su yo adulto finalmente logró ganarse a su yo adolescente. Tess se aflojó con alivio. Mientras se abrazaban, la adolescente imaginaria se fundió en la adulta. Al día siguiente Tess estaba nuevamente frente a su computadora, usando los auriculares, mientras fluía su creatividad.

SYLVIA: EL REGISTRO ESTÁ CERRADO

Es difícil imaginar tener dominio de un instrumento musical y de repente un día dejarlo, para nunca más tocarlo. ¿Por qué una persona querría o necesitaría cortar el fluir creativo? No tenemos respuestas definitivas, pero sucede todo el tiempo. Le sucedió a Sylvia.

A los cincuenta y siete años me vino a ver por depresión, una sensación de ser demasiado dura consigo misma y baja autoestima. Recién después de cuatro meses de sesiones con EMDR me confió que había sido en un tiempo cantante profesional. Pero a los veintisiete años había perdido todo su registro alto y nunca lo había recuperado.

Le pregunté qué estaba sucediendo en su vida en ese momento.

Estaba muy estresada con problemas de relación y financieros, pero nada que pareciese demasiado grave. Su madre había sido muy crítica y verbalmente abusiva durante toda su niñez, pero eso no explicaba que Sylvia hubiera perdido la voz. Por un tiempo se mantuvo alejada del tema, pero luego de reflexionar sobre él durante algunas semanas, decidió enfrentarlo.

A pesar de haber vivido con ese secreto durante treinta años, Sylvia nunca se lo había dicho a nadie: a los veintisiete años fue violada y quedó embarazada. Casi inmediatamente perdió su habilidad para cantar. En esa época los abortos eran ilegales, pero de todas maneras se practicó uno, una situación que fue aún más traumática por lo clandestina. Y todo lo vivió sola. Aunque recordaba el hecho, su disociación emocional la había bloqueado de conectarlo con la pérdida de su voz. La guié con EMDR de a poco y con mucho apoyo.

Cuando empezó a procesar, vio que lo que había comenzado como un trauma agudo se había tornado crónico y que todo lo que derivaba de él la había afectado. La violación incluso había traído eco de los ataques verbales de su madre. El aborto fue a la vez una retraumatización y un trauma en sí mismo.

El procesamiento continuó. El blanco fue el recuerdo de la violación y la cognición negativa fue "yo me la busqué." Cuando hablaba de ello, sentía una tirantez en la garganta y la asociaba con su madre agarrándola de la garganta cuando le decía que se callara. El violador la había estrangulado tan fuerte que perdió la conciencia. Durante el aborto, le habían dado anestesia con una máscara. Había entrado en pánico y tratado de hablar, pero el anestesista había mantenido la máscara sobre su cara y no pudo emitir un sonido. Cuando, gracias a EMDR, desapareció la disociación emocional, las razones por la pérdida de su voz se le hicieron claras. Durante el procesamiento hizo todas las conexiones y luego reprocesó los hechos por sí misma. Yo proporcioné la red de seguridad y el apoyo para que enfrentase la angustiosa verdad y entonces la dejó atrás.

Luego que su nivel de perturbación bajó a 0 para todos los aspectos del trauma, me pregunté en voz alta:

– ¿Dónde está ahora en términos de su capacidad de cantar?

Dudaba mucho en tratar de ver si podía cantar. Su temor a no poder le trajo sentimientos de vergüenza y cuando hubo procesado eso, aceptó procesar *imaginándose* cantando, oyéndose ella misma cantar. Una vez que pudo hacerlo sin ansiedad, comenzó a cantar lenta pero espontáneamente, con un tono maravillosamente puro en su registro alto, delante de mis ojos y oídos. Ese momento nos conmovió hasta las lágrimas.

HENRY: LOS SONIDOS DEL SILENCIO

A un año de egresar del conservatorio teatral, Henry, un actor con un enorme potencial, se sentía más y más perdido sobre el escenario. Durante las representaciones simplemente no se podía conectar con los otros actores o con sus personajes.

–Es como que no puedo oír lo que está sucediendo a mi alrededor –me dijo.

Cuando utilizamos EMDR para focalizar lo peor de sus sentimientos de estar desconectado, Henry me contó que había sido un prodigio musical, un violinista que también era muy competente con otros instrumentos de cuerda. Una mañana, cuando tenía seis años, se despertó totalmente sordo. Estaba aterrorizado. El procesamiento le trajo docenas de recuerdos particulares, que emanaban de esta pérdida abrupta. Les llevó seis meses a los médicos decidir cuál era el tratamiento más adecuado, tiempo durante el cual continuó yendo al mismo colegio. Aunque él no podía oír, la maestra lo trataba como un alumno terco. A los nueve meses de su trauma, finalmente fue sometido a una cirugía y recuperó su capacidad auditiva. Volvió a su violín, pero nunca fue lo mismo y ya adolescente se volcó a la actuación.

El procesamiento con EMDR evocó tremenda emoción. Los recuerdos de la prisión de silencio de Henry le provocaron llanto y sentimientos de terror y desconexión, muy similares a todo lo que ahora sentía sobre el escenario. Pasó de una profunda tristeza a la furia por la manera en que había sido tratada su sordera y al dolor por la pérdida de su musicalidad. Recordar lo llevó al reprocesamiento y curación. Y su capacidad actoral comenzó a desplegarse. Su bloqueo (el sentimiento de estar perdido y desconectado) se fue disipando gradualmente. No solamente se recuperó; EMDR le abrió nuevos horizontes, nuevos canales de creatividad. Mientras que la creatividad de Sylvia se restableció, la de Henry fue recuperada y aumentada. Y la curación de ambos elevó mi espíritu.

Expandir la creatividad

Si es cierto que todas las personas somos creativas, entonces todos tenemos el potencial de expandir esa creatividad removiendo los obstáculos (por lo general basados en traumas) que impiden su expresión. Me he asombrado de las respuestas a EMDR de personas que inicialmente no parecen especialmente creativas (y por las respuestas espirituales de personas que no parecen estar conectadas a su espiritualidad). EMDR abre y conecta todos los aspectos del yo, sintetizando lo intelectual, lo emocional, lo físico, lo sensorial y lo espiritual. Cualquiera sea el nivel de creatividad del paciente, EMDR lo va a realzar.

BETH: SIGUIENDO SU ARCOIRIS

Beth, una pintora en la mitad de sus treinta años, ya había hecho terapia con EMDR para curar sus traumas. Vino a mí no para sentirse mejor sino simplemente para mejorar como pintora. Tenía otros temas, pero me dijo que a través de EMDR había vislumbrado nuevos caminos por donde podía transitar su pintura. No estaba bloqueada; quería explorar ámbitos más amplios. Sabía que su mayor fortaleza era el uso del color y durante el procesamiento comenzó a ver colores nuevos; literalmente podía sentirlos y tomarles el gusto. Cuando el blanco fueron la forma y el claroscuro, levantó vuelo y cuando volvía a su casa luego de las sesiones, encontraba cambios y aperturas inesperadas. Cada nueva sesión reforzaba sus logros.

En el caso de Beth, EMDR tomó a alguien que ya estaba en un nivel alto y le permitió llegar aún más alto. Así como todos nosotros utilizamos solamente una pequeña parte de nuestra capacidad mental, también utilizamos solamente un leve dejo de nuestra creatividad. No importa cuán dotados o relativamente desbloqueados estemos (nadie está *totalmente* desbloqueado), la creatividad puede ser ampliada. EMDR es una maravillosa manera de realzarla.

Al explorar la creatividad, podemos descubrir un significado existencial y un propósito para nuestra actividad artística, elevándonos a un nivel más allá de nuestra percepción consciente. La actividad artística implica viajar más allá de nuestras limitaciones. La pintura es uno de esos viajes; la música y la escritura son otros. Y la actuación es un cuarto y especial viaje.

Capítulo 11: *New Actors Workshop* - EMDR y el actor

Los actores son las personas que mejor responden a EMDR. En realidad, esto no es sorprendente, ya que el entrenamiento actoral es sumamente experiencial, emocional y basado en el cuerpo. Para crear un personaje, los actores deben abrirse y sumergirse muy profundamente dentro de sí mismos a fin de activar emociones guardadas en sus propios sistemas de memoria. Konstantin Stanislavski, en *Un Actor Se Prepara*, hace notar que "la memoria emotiva" (su propio término) es el pilar de la actuación; y el método de la "memoria emotiva" es similar al método EMDR. Aunque los terapeutas necesitan saber la historia de un paciente para comprender el origen de síntomas y comportamientos actuales, los maestros y preparadores de actuación desalientan a los actores a desarrollar muy extensamente la historia de un personaje, creyendo que ello los lleva a intelectualizar y a no estar "metidos" en el momento.

Por lo general los dramaturgos no proveen muchos datos históricos sobre sus personajes, por lo que los actores se vuelven hacia sus propias experiencias para encontrar modelos emocionales. Considero que un personaje en una escena es a la vez una persona en una situación y una persona con una historia que moldea sus reacciones a esa situación. Y los aspectos más formativos de la historia de un personaje, al igual que los del actor, son las etapas de desarrollo de la vida temprana y las profundas experiencias de vida que dejan improntas indelebles en el destino del personaje.

Aquéllos ya familiarizados con EMDR saben de su valía tanto para ayudar a los actores en sus luchas personales como para aliviar la ansiedad al desempeño y los bloqueos creativos. Es irónico que, no siendo actor, tropecé con una manera de utilizar el poder de EMDR para la preparación actoral, para ayudar a los actores a meterse profundamente en un personaje a máxima velocidad.

UN NUEVO SISTEMA DE ACTUACIÓN

Las semillas de mi descubrimiento fueron plantadas tempranamente. Cuando niño, mis padres nos llevaban frecuentemente a mi hermana y a mí al cine y yo estaba fascinado con todos los aspectos de la película, especialmente la creación que los actores hacían de sus personajes. Mis fantasías de convertirme en bombero fueron suplantadas por mi deseo de ser actor y así alcanzar la inmortalidad.

En casa, mi interés en la actuación era otra manera de no encajar con mi familia. Mi timidez y falta de confianza en mí mismo también me inhibían, por lo que nunca seguí ese camino. Sólo mucho más tarde descubrí que muchos actores son extremadamente tímidos e inseguros.

Un terapeuta debe ser también un actor. En cierta manera, cada sesión es una representación para el beneficio y la curación del paciente. Como terapeuta, he estado expuesto a miles de encuentros dramáticos con gente tan interesante como los personajes de cualquier obra. Y he llegado a comprender intuitivamente la motivación de sus conductas.

Un día, en un vuelo a Los Angeles, adonde iba a recibir mi entrenamiento como facilitador de EMDR, me senté al lado de un hombre joven, musculoso y tatuado llamado Evan Seinfeld y enseguida comenzamos a conversar. Me enteré que era la primera voz de Biohazard, un grupo de heavy metal que yo conocía pues mi hijo Jonathan (de catorce años por ese entonces) veía sus videos por MTV.

Evan es sensible e inteligente. Nos conectamos inmediatamente, compartiendo nuestros intereses en música, deportes, películas y nuestra experiencia común de haber crecido en las calles de Queens y Brooklyn. Incluso descubrimos que ambos habíamos estado en el bar mitzvah del hijo de un amigo doce años antes. Intercambiamos tarjetas personales, continuamos la amistad por teléfono y nos juntamos en Nueva York cuando Evan no estaba de gira.

Jonathan estaba fascinado cuando le conté de mi nuevo amigo. Me pidió si podía estar en el próximo vídeo de Biohazard y le trasmití el pedido al cantante.

–Cuando sea el momento, te lo haré saber – me dijo–, pero tendrás que traer a Jonathan en el momento mismo en que te avise.

Fiel a su palabra, unos meses más tarde Evan llamó desde Los Angeles.

– Comenzamos mañana temprano – me dijo–. Si puedes traerlo aquí esta noche hay un papel para él y tú también puedes actuar en el video.

Aparenté tomármelo con calma, dejando que la excitación de Jonathan suplantara la mía, pero mi sangre actoral largamente olvidada ya me corría por las venas. Tomamos un avión esa tarde y llegamos a Los Angeles para encontrar que todos los hoteles de la ciudad estaban ocupados por convenciones. Llamé a Evan, quien me dijo:

–Vengan con nosotros. Tenemos lugar extra en nuestra suite del hotel.

Cuando entramos a la habitación y conocimos al resto de los miembros de la banda, Jonathan me miró y me dijo:

– ¡Papá, eres increíble! – Finalmente, era un héroe.

Un estudio de vídeo no es esencialmente diferente de un estudio de cine y cuando entré, sentí una especie de excitación infantil. Mi rol era el de un científico malvado y loco que buscaba controlar a Evan y a la banda con represión autoritaria. Una situación como la de *1984: el Gran Hermano te está observando.* Yo estaba detrás de un biombo de vidrio girando perillas en un panel, tratando de controlar a los prisioneros de mi experimento. No podía doblegar a uno de ellos: Evan. Se suponía que mi personaje debía entonces entrar a la celda e identificar a Evan para que dos ayudantes lo aprehendieran y lo sacaran.

De acuerdo, no era *Hamlet.* Pero lo tomé con seriedad, diciéndome a mí mismo *¿Cómo quiero hacerlo? Esta es mi oportunidad de actuar y no quiero simplemente realizar los movimientos adecuados.* Para calmarme, junté y apreté las palmas de mis manos, primero la izquierda y luego la derecha y enseguida me asaltó un pensamiento de actor: *¿Cuál es mi motivación?*

La respuesta vino rápidamente: *Odio a Evan.* Luego: *¿Por qué lo odio? Porque le temo, por eso tengo que controlarlo.* Mientras pensaba en esto, me asaltó un recuerdo. Yo era un adolescente discutiendo con mi padre, que se estaba comportando dura y agresivamente. Pero mi verdadero padre no era ni duro ni agresivo. Me di cuenta que el recuerdo no era "mío" sino que pertenecía al científico loco. Su padre era duro con él y lo controlaba y yo, el científico loco, estaba repitiendo su comportamiento con Evan.

Otros recuerdos inventados comenzaron a surgir en mi personaje: fui humillado en la escuela, llamado "idiota" por los chicos de onda porque usaba anteojos y caminaba como un pato. Así que me dije a mí mismo, *Cuando comiencen a filmar y yo entre en la celda, caminaré con mis pies hacia fuera; dejaré que mi idiotez intensifique la furia y mi necesidad de control.*

– ¡Acción! –gritó el director y me fui para el plató totalmente consustanciado con mi personaje. Me acerqué a Evan y lo enfrenté cara a cara, señalándolo con una intensidad que no tuve que fingir. Los ayudantes se lo llevaron y yo los seguí.

Evan me buscó entre bambalinas diez minutos más tarde.

– ¿Qué te agarró? – me preguntó–. Cuando me miraste a la cara, me asustaste hasta la médula. (¡Esto venía de un hombre que, recuerden, creció en las calles de Brooklyn!)

El rodaje continuó hasta las tres de la madrugada; yo tuve tres escenas más y todas las interpreté energizado por mi técnica recién descubierta. También tuve el placer de ver cómo filmaban a Jonathan: él interpretaba a un moscardón vestido con la misma ropa de los miembros de la banda y los seguía a todas partes, tanto frente como detrás de cámaras.

A esa altura, tuve la sensación de haber creado algo especial, algo que estaba más allá de mis expectativas. Ese algo estaba en el fondo de mi mente, aguardando el momento y el lugar apropiados para emerger.

EL *NEW ACTORS WORKSHOP*

Seis meses más tarde, George Morrison presidente del New Actors Workshop (Nuevo Taller para Actores), me telefoneó como salido de la nada. Había participado de un seminario con Francine Shapiro y se había interesado en el potencial de EMDR para el entrenamiento actoral. Tenía un amigo, terapeuta de EMDR, que le había comentado que yo había trabajado con artistas que luchaban con la ansiedad y los bloqueos creativos. Me preguntó si estaba interesado en ir al Taller y encontrarme con él. Por supuesto, dije, recordando cómo había utilizado EMDR para meterme rápidamente en el personaje del científico loco. Acordamos una cita para la semana siguiente.

En la reunión, junto con George estaba Rex Knowles, uno de sus principales profesores. Luego de quince minutos para llegar a conocernos, la conversación se volvió hacia EMDR. George creía que una herramienta clínica tan poderosa podría tener aplicación en la actuación. Sugerí que yo podría haber encontrado una manera de hacerlo.

La mayoría de las personas podrían haber respondido haciéndome un montón de preguntas, pero no estos actores. Es una de las cosas que amo de los actores: su apertura y disposición para explorar. Rex dijo:

– ¡Hagámoslo!

–Elija un personaje –le contesté.

Pensó por unos instantes.

–Sidney, de *Absurda Persona Singular*. Lo interpreté en los 70. Es un contador muy convencional y contenido.

He desarrollado considerablemente la técnica desde ese día, pero en ese momento simplemente comencé:

–Bien. Usted es Sidney y yo voy a realizar un trabajo de EMDR con usted como Sidney.

No le costó mucho. A mí me parecía el mismo, pero repentinamente ya no era más Rex. Yo estaba cara a cara con Sidney.

– ¿Hay algo que le esté molestando ahora? –le pregunté a Sidney.

–Aunque soy un contador exitoso, a veces estoy inseguro de mis capacidades.

–Bien, comencemos con eso.

Se había colocado los auriculares y le hice escuchar un CD bilateral.

–Deje que su mente se retrotraiga a una experiencia temprana de inseguridad en su vida. No como Rex (él no está aquí) sino como Sidney.

–Estoy en tercer grado –dijo, meciéndose en su silla–. Estoy sentado en clase. Me equivoqué en un problema y el maestro me está reprochando: nunca serás bueno en matemáticas –se mofa el maestro–. Siento una mezcla de enojo y humillación.

– ¿Dónde lo experimenta en su cuerpo?

Sidney pensó:

–Está subiendo desde mi abdomen a mi pecho.

Y entonces sus pensamientos saltaron hacia su familia (madre, padre y dos hermanas) y la sensación que transmitían que de alguna manera él nunca iba a tener éxito en la vida.

–Ese mensaje me ha perseguido toda mi vida.

Los primeros segundos luego de esta revelación creí que era Rex hablándome como Rex, pero luego me di cuenta que había sido engañado por su actuación: era Sidney hablándome. Le pregunté si Rex estaba listo para regresar y vi su cara metamorfosearse. En unos pocos segundos Rex había retornado.

–Diablos –dijo Rex–. Eso fue asombroso.

Yo también lo consideré asombroso. Después de todo, para mí la técnica había sido puramente una teoría. Hasta ese momento no tenía idea de su potencial. George Morrison había estado observando la experiencia con mucha atención, sin interrumpirnos.

– ¿Saben una cosa? –dijo cuando hubimos concluido–.Acabo de ver a un tipo que no sabe nada de enseñanza actoral hacer más en diez minutos que lo que he visto a un preparador actoral hacer en horas.

George me preguntó si podía intentar esta técnica en su clase de trabajo escénico avanzado y rápidamente acepté.

TRABAJO ESCÉNICO

Llegué a la clase la semana siguiente y me encontré con un grupo de actores en una cacofonía de ejercicios vocales y otros ejercitando sus textos. Me sentí fuera de lugar. No habían sido preparados para recibir a alguien que no era actor y que se instalaba entre ellos trayendo un nuevo enfoque. Respondieron con curiosidad, confusión y escepticismo. Sin embargo, podía sentir su interés. Dos estudiantes habían preparado la escena de *Muerte de un Viajante*, cuando Biff acusa a su padre, Willy Loman, de adulterio. George les indicó que subiesen al escenario y representaron la escena eficientemente. Luego George me hizo una seña y subí al escenario para hacer lo mío.

– ¿A cuál de ustedes le gustaría probar esto? – pregunté.

Ambos se miraron y entonces el muchacho que interpretaba a Biff, un actor llamado Jim, me hizo una señal. Le alcancé los auriculares con una breve explicación de cómo funciona el proceso.

–De aquí en más, te estoy hablando como Biff, no como Jim. Deja que tu mente se retrotraiga a un recuerdo que de alguna manera se relacione con esta escena.

–Lo tengo. Yo tenía cinco años y mi padre, Willy, salía en viaje de negocios.

– ¿Puedes ver la escena? –le pregunté.

–Sí.

– ¿Qué pensamiento negativo la acompaña?

– Nunca lo veré a papá nuevamente.

– ¿Qué emoción te trae eso?"

–Tristeza... y temor.

– ¿En qué parte del cuerpo lo sientes?

–En mi pecho.

– Bien, simplemente observa hacia dónde va tu mente desde ahí.

Jim/Biff tuvo destellos de rápidos recuerdos de sus padres peleando, de su madre llorando, de jugar con su hermano excesivamente agresivo, de sentirse perdido en la escuela. Asombrosamente, todos estos recuerdos eran solamente de Biff (Jim ni siquiera tenía un hermano). Jim los había "inventado" y sin embargo eran parte del sistema corporal de Biff. Le pedí a Biff que retornase al presente y luego le pedí a Jim que retornase. Abrió sus ojos.

– ¡Ése sí que fue un viaje!

Los dos actores volvieron a interpretar la escena, sólo que Jim estaba transformado. No estaba *representando* a Biff; *era* Biff. Sus ojos centellaban, se movía espontáneamente, y el actor que representaba a Willy Loman fue capturado por su energía. Todo lo que George pudo decir fue:

– ¡Guau!

Los estudiantes no podían esperar para preguntarle a Jim qué sintió al repetir la escena.

– Siento que viene de mi cuerpo, como si los recuerdos estuviesen adentro mío. Me encontré que en muchos momentos tenía nuevas opciones: cómo decir una palabra, cómo agarrar algo, cómo moverme.

La segunda escena presentada era de *El zoo de cristal*, el primer encuentro entre Laura y el Caballero Visitante. En la primera interpretación, los actores hicieron un gran trabajo; para mí ya tenía calidad suficiente. *¿Cómo voy a mejorar esto?*, me preguntaba.

Esta vez trabajé con una actriz llamada Ellie. Se colocó los auriculares, le repetí las instrucciones, y se convirtió en Laura. Su primer recuerdo fue el de enfermarse y llamar "rosas azules" a la pleuresía. Luego saltó a una imagen de sus cinco años, su madre descalificándola: "mentira, mentira, mentira". Pasó por tantos recuerdos que no podía relatarlos todos. Espontáneamente se quitó los auriculares y dijo:

–Vamos.

Los actores repitieron la escena y ésta cobró vida: Laura motivó a su compañero. Me sentí como en primera fila de una producción de Broadway. Al final de la escena, Ellie se sentó, se recompuso y de repente me miró con una sonrisa de gato de Cheshire[10].

¿Cómo puede un actor desarrollar una memoria que no es la propia? Un actor entrenado crea de una manera similar al novelista. Indudablemente la creación es metafóricamente autobiográfica a nivel inconsciente; sin embargo EMDR llega tan hondo en el sistema neurofisiológico, que los recuerdos creados parecen únicos, como si perteneciesen solamente al personaje.

Esta primera experiencia nos llevó a George y a mí a desarrollar una rutina. Me llevaba a clase cada dos semanas, los estudiantes interpretaban una escena, él la comentaba y yo hacía mi entrenamiento, seguido de una reinterpretación de la escena. Pronto desarrollé una nueva modalidad: preparaba a ambos actores simultáneamente, cada uno de ellos utilizaba auriculares que salían del mismo reproductor de CD, bifurcados por una ficha en "Y".

Yo le hablaba a cada actor/personaje, primero a uno y luego al otro, yendo y viniendo cada treinta a sesenta segundos, guiándolos a retornar a un recuerdo más temprano que surgía de la escena.

Tomando como blanco el aspecto de "memoria emotiva" del protocolo, les preguntaba:

– ¿Qué vio? ¿Qué oyó? ¿Olió? ¿Qué siente en su cuerpo? ¿Dónde?

---

[10] NT: Gato de Cheshire: el gato que aparece en *Alicia en el País de las Maravillas*

Hacía que el primer actor procesara y luego iba al otro y repetía lo mismo. Luego de un rato, los personajes no quedaban fijados en un recuerdo o sentimiento sino que profundizaban cada vez más, cambiando de un recuerdo creado a otro, lo mismo que haría un paciente en terapia con EMDR. Terminaba instruyendo a los actores a mirarse en los ojos del otro y, sin decir nada, procesaran la experiencia, se quitaran los auriculares y comenzaran la escena de nuevo, espontáneamente, cuando estuvieran listos. A medida que lo hacían, yo me retiraba silenciosamente del escenario.

A partir de allí comencé a incluir más teoría psicológica, del desarrollo, particularmente aquéllas basadas en el trauma. Al igual que las personas, los personajes no son bidimensionales sino multidimensionales. La mayoría de los personajes que se ven en obras de teatro, al igual que las personas que buscan una terapia, tienen significativos traumas en el pasado; si no los tuviesen, no serían tridimensionales. He notado que los maestros de actuación tienden a disuadir a los actores de desarrollar una historia personal para sus personajes, pero así como los hechos profundos o traumáticos definen nuestras personalidades, lo mismo se aplica también para las de los personajes. La idea, basada en EMDR, de que los hechos definitorios están alojados en el sistema y pueden ser activados corporal e inconscientemente ha sido virtualmente desconocida para los actores; sin embargo, estos enseguida la adoptan.

Dos estudiantes estaban preparando una escena donde una mujer huye del altar de su boda cuando se presenta su padre, perdido mucho tiempo atrás y que había abusado sexualmente de ella en su niñez. Aparece luego amnésica, a mil millas de distancia, cuidada por un extraño. Este extraño había abandonado a su esposa un año antes, luego de la muerte del pequeño hijo de ambos. Ayudé a los alumnos a comprender cómo la historia del trauma de sus personajes los había unido, dándole aún mayor dimensión al procesamiento actoral con EMDR y ayudándolos a profundizar la escena.

Mientras continuaba trabajando con la clase de George, los cambios de escena a escena eran a veces sorprendentes. Los actores podían interpretar primero una escena como comedia, pero en la segunda interpretación se volvía dramática. Otras veces era al revés, el humor sobrepasaba al drama. Mientras tanto, iba aprendiendo el oficio de actuar, no solamente al observar a los estudiantes sino también al escuchar a George guiándolos.

Un día George me invitó a escuchar la clase magistral que daba Mike Nichols, el gran director de teatro y cine, y uno de mis héroes. Antes que arribara Nichols, trabajé en privado con dos actrices de la clase sobre la escena de la confrontación entre Elena y Sonya en el tercer acto de *Tío Vania*. (Ambas estaban sumamente ansiosas por actuar una escena para Mike Nichols, y me pidieron que les hiciera entrenamiento con EMDR para prepararse). La primera vez trabajamos juntos durante dos horas, la segunda vez, cinco horas y la última vez, una hora, justo antes de la clase. Para cuando el trabajo hubo terminado, ambas sentían que entre los dos personajes había una larga y compleja historia que culminaba en conflicto pero también en una mutua necesidad. Ambas actrices tenían una sensación de calma; sabían que estaban listas.

La escena fue un triunfo. Nichols no sabía nada de su preparación ni el papel que yo había jugado en ella; sólo tenía conciencia de que estaba viendo a dos actrices extremadamente talentosas en una de las mayores escenas de la literatura occidental. El público de cuarenta o más estudiantes estaba igualmente absorto.

Cuando finalizó la escena, durante un largo momento hubo sólo silencio. Finalmente, Nichols dijo:

–Eso fue notable – y llamó a las actrices y las felicitó.

Ellas le contaron que habían preparado la escena utilizando las técnicas actorales con EMDR de David Grand y para mi inmenso placer él respondió que George le había contado sobre eso.

–David –dijo–. ¿Le gustaría subir al escenario con los actores?

Claro que me gustaría y así lo hice. Nichols me hizo preguntas sobre mis métodos y le conté cómo EMDR puede ayudar a los actores a profundizar sus caracterizaciones. Me pidió que hiciera una demostración con dos actores diferentes interpretando una escena de otra obra, una comedia ligera moderna. La pareja de actores subió al escenario. Su primera representación fue buena: lograron risas fácilmente. Dos personas reales, falibles, algo ridículas se encontraban en una situación donde ella quería seducirlo a él y él no quería saber nada. Nada es más cómico que la realidad (ni, por supuesto, más trágico). Sin embargo, luego de la preparación actoral con EMDR, pudieron transmitir la humanidad de la situación tanto como su humor. La escena crepitó porque el público se pudo identificar con los personajes, no reírse de ellos. Nichols quedó nuevamente impresionado.

Trabajar con actores profesionales

Desde entonces, mucha gente de la comunidad actoral se ha percatado de mi trabajo y he trabajado no solamente con actores sino también con entrenadores actorales, directores y dramaturgos. Algunos me han venido a ver por razones personales además de las profesionales; otros, simplemente para mejorar su desempeño, aunque muchas veces surgieron cuestiones personales. Para mí, es especialmente gratificante trabajar con gente de teatro. Más que nunca mi consultorio se convierte en una especie de escenario donde ellos y yo interpretamos nuestros roles.

DAVID: EL NOBLE MORO

Era un actor afro-americano imponente, con una voz resonante parecida a de la James Earl Jones. Cuando proyectaba vocalmente, la pared detrás de mí parecía temblar. Se estaba preparando para un papel que había interpretado años antes: Otelo, para una compañía de teatro en Virginia.

David Toney había sido derivado a mí por un colega que conocía mi trabajo con actores. David estaba buscando una mayor comprensión del corazón, alma y mente del Moro.

Uno de los aspectos más estimulantes de la técnica EMDR es su adaptabilidad. Cuando estaba trabajando con David, se me ocurrió una idea para ayudar a la transición de entrar y salir del personaje: "En el espejo".

Se colocó los auriculares y comenzó a mover sus ojos por reflejo, de un lado a otro.

–Quiero que imagine que se está mirando al espejo – le dije.

Cuando uno les pide a los actores que imaginen algo, lo hacen casi antes de que uno termine la oración.

– ¿Puede verse? – le pregunté.

–Sí.

Hice que lo procesase por el sólo hecho de la experiencia.

–Ahora lo que quiero que vea en el espejo no es a usted mismo sino a Otelo. ¿Puede verlo?

–Fácilmente.

– ¿Qué parece? ¿Qué lleva puesto?

–Parece un guerrero y está vestido con una túnica real blanca y carmesí.

–Bien. Ahora quiero que usted se convierta en Otelo mirándose al espejo y viéndose.

Una pausa. Luego:

–Lo tengo.

–De ahora en más, le voy a estar hablando a usted como Otelo. Ahora, Otelo, mire en el espejo y véase.

Así comenzamos, con David mirando a David, luego David mirando a Otelo, luego Otelo mirando a David y finalmente Otelo mirando a Otelo. Mi propósito era darle medios no sólo para entrar más rápidamente en el personaje sino para salir del personaje cuando hubiésemos finalizado. Con Otelo realizando EMDR, le pedí que dejase ir su mente a una experiencia temprana de su vida que fuese profunda o traumática. Otelo rápidamente fue al asesinato de su padre (un recuerdo inventado, que no está en Shakespeare). Guié a Otelo para ver las imágenes, oír los sonidos y percatarse de sus sentimientos y en qué parte de su cuerpo estaban localizados. Rápidamente pasó a la primera vez que había matado a un hombre, cuando tenía once años, para proteger a su madre. Estos incidentes definieron cómo se había convertido en un guerrero, un gran general y le pedí que describiese qué se sentía al matar a alguien. Me contó cómo al atravesar a alguien con su espada uno lo siente temblar.

Ese día yo había completado un juego de palabras cruzadas en el *New York Times* que contenía la palabra Yago y cuando se lo comenté, me miró furibundo y me gritó,

– ¡No hable mal de Yago!

Llegamos a Desdémona y procesó su atracción hacia ella, su pasión por ella y eventualmente, su convicción de que ella lo había traicionado. El director de Virginia le había marcado a David que cuando se convenciese de la infidelidad de Desdémona, se cayera en el escenario y tuviese un ataque (tal como Laurence Olivier lo había hecho en una producción londinense). Él temía ese momento, por miedo a perder el control frente a tanta gente. Todo lo que David y yo hicimos nos condujo a ello y cuando llegamos al momento en que tenía que hacerlo, me contó que había sentido como electricidad pulsando su cerebro y que podía oler ozono. Todo el tiempo David estuvo usando los auriculares: EMDR casado con el entrenamiento actoral.

Imaginó que realmente le había caído un rayo y allí, en mi consultorio, representó un ataque, gritando sobre los soldados que había matado, viendo los pedazos de sus cuerpos, lleno de furia hacia Desdémona. Mi próximo paciente estaba en la sala de espera, y me preguntaba qué pensaría de los gritos, pero sabía que no podía apresurarme a cerrar el proceso. Luego que Otelo finalizó la escena, lo guié a salir del personaje, primeramente haciendo que Otelo mirase a Otelo en el espejo imaginario; luego Otelo vio a David; luego intercambiaron y David vio a Otelo y terminaron con David mirando a David, nuevamente a salvo en sí mismo.

Quizás algo de esto podría haber sido logrado sin estimulación bilateral, pero la rapidez de la transformación, la profundidad de la caracterización y el impacto de los recuerdos en Otelo no hubiesen sido tan grandes. Quizás David no hubiese experimentado el ataque sintiéndolo tan orgánico. Yago, su pasado y su propia imaginación lo habían reducido a la temblorosa ruina en la que se convirtió en el piso de mi consultorio y en la que se convertiría noche tras noche sobre el escenario.

Me reuní con David una segunda vez para prepararlo para los ensayos, que empezarían esa semana en Virginia. Lo guié con EMDR a re-experimentar y construir sobre la primera reunión; emergieron nuevos recuerdos y nuevamente tuvo su ataque; esta vez fue menos explosivo y más integrado con él. Era ahora un actor dentro de un hombre con pasiones incontrolables, no el hombre mismo.

Viajé a Virginia para la noche del estreno y una hora antes que David debiese salir, nos encontramos para una sesión preparatoria de media hora de estimulación bilateral guiada. Para algunos, éste podría haber sido un acto riesgoso, pero nosotros estábamos cómodos uno con el otro y no nos parecía peligroso a ninguno de los dos. Era el deseo de David hacerlo y lo guié a relajar su cuerpo y fluir con la sesión. Luego caminamos juntos hasta el teatro; él se fue hacia los bastidores y yo a mi asiento.

Una gran obra engendra grandes actuaciones y la de David fue realmente memorable. No actuaba sino que *era* Otelo: una persona real. Compartí la experiencia con Nina y Jonathan, que me habían acompañado a Virginia y lo que vi en las caras de mi familia y en las caras del público me lo reaseguraron. Todos habíamos experimentado algo fuera de lo común.

Mi familia y yo fuimos invitados a los camerinos luego de la función. David casi me dejó sin aliento con su abrazo y luego me hizo a un lado. En nuestra sesión antes de la función, le había preguntado cuál era su objetivo.

–Alcanzar mis expectativas – había respondido.

Ahora le dije:

–Y bien, ¿alcanzó sus expectativas?

Su actuación había sido su respuesta elocuente; a mí me dijo en ese momento un simple "sí."

Aunque Nueva York es el centro teatral del mundo (discutible, claro), cuando hablamos de cinematografía Los Angeles es el centro neurálgico. Recientemente fui allí a presentar un taller de tres horas, donde demostré mi trabajo a actores, maestros de actuación, directores y productores. La respuesta fue uniformemente positiva; algunos expresaron que era "la onda del futuro."

Ningún actor puede hacer EMDR sobre sí mismo, de la misma manera que ningún actor puede reproducir la experiencia de trabajar con un buen entrenador actoral. Pero algunas de las técnicas pueden ser adaptadas para ser auto-utilizadas. (Diré más sobre esto en el Capítulo 14). Para mí, EMDR como herramienta actoral sigue siendo una aventura excitante y gratificante y su potencial es aún virgen. Ha sido un viaje a una comarca que he gozado profundamente; uno de muchos viajes, exteriores e interiores, que he realizado con EMDR como guía.

Capítulo 12: Golpeado y agotado – trauma en mi familia

Una buena parte de mi práctica actual está compuesta de terapeutas, en su mayoría terapeutas de EMDR. Luego de guiar a máxima velocidad a tantos de sus pacientes hacia sus propios milagros, éstos clínicos dicen "eh, yo quiero esto para mí" y así acuden a otros terapeutas experimentados en EMDR para abocarse a sus propias luchas. (Los psicoanalistas, desde luego, realizan psicoanálisis como un requisito de su propio entrenamiento). Todos nosotros hemos experimentado trauma en algún punto de nuestras vidas (ya que el crecer en este mundo el trauma se encuentra en todas partes) y los terapeutas no son ciertamente una excepción. El concepto del sanador herido se retrotrae a la antigua sabiduría y prácticas del chamanismo, donde las habilidades del curador se profundizan al sensibilizarse con sus propios traumas. Enfrentarnos y sobreponernos a nuestras propias heridas profundas nos lleva a hacernos más fuertes, más sabios, y muchas veces, más afinados espiritualmente.

No todos los traumas ocurren en la infancia. A veces, los traumas les suceden a los terapeutas durante su vida adulta: cirugía mayor, en accidente automovilístico, la muerte de un ser querido. Y estos traumas adultos, al igual que los traumas infantiles, deben ser tratados a fin de que no interfieran en el trabajo de los terapeutas con sus pacientes. Sin las herramientas que da EMDR, este trabajo con el trauma puede ser tan largo y arduo como el psicoanálisis; pero con EMDR, el alivio del trauma adulto, aunque no necesariamente algo sencillo, es posible a corto plazo.

LA MUERTE DE MI PADRE

En 1985 las cosas se estaban encaminando bien en mi vida profesional y en la personal. La terapia con EMDR aún se encontraba en mi futuro, pero mi trabajo más convencional iba bien y estaba armando una práctica activa, exitosa, que me permitió abonar el pago de una seña por una casa nueva. Tenía treinta y tres años, llevaba tres años de casado con Nina y Jonathan tenía uno. Todo parecía andar bien en mi mundo.

Pero mi padre estaba luchando con una cantidad de síntomas físicos no diagnosticados. Sufría un dolor constante en la parte baja de la espalda cuyo origen no podía ser encontrado por ningún experto. Los médicos lo sometieron a un régimen de terapia física que no hizo nada para aliviar su molestia. Tenía un bulto en la parte superior del pecho y le diagnosticaron un músculo distendido. Finalmente, decidieron practicarle una TAC (Tomografía Axial Computada).

No sé si esto les sucede a otros terapeutas, pero parecería que cada vez que recibo noticias penosas estoy en mi consultorio, durante una sesión. Cuando estoy con un paciente no atiendo el teléfono, pero cuando la sesión finaliza, como regla reviso mis mensajes. Mi esposa tiene un código especial para emergencias: tres llamadas individuales, cada una seguida de un corte. Me alerta que la llame apenas pueda. Si me da malas noticias sobre las que no puedo hacer nada inmediatamente, las digiero y trato de seguir con mi trabajo de la mejor manera posible. En las raras ocasiones en que me enfrento con una emergencia personal, cancelo mis citas y atiendo el problema.

Ese día recibí un llamado de mis padres desde su casa. Mi padre estaba al teléfono y mi madre en la extensión. Mi madre estaba llorando descontroladamente. Ya estaban los resultados de la tomografía. Mostraba un tumor en la parte inferior de la espalda de mi padre que muy posiblemente fuera maligno. Decidí ver a mis dos últimos pacientes de la tarde y luego manejar hasta la casa de mis padres. Ese interminable trayecto estuvo lleno de preguntas.

¿Es maligno o benigno?

Si es maligno, ¿es el tumor original?

Si no es el tumor original, ¿cuál es el origen?

No importe ¿qué, es tratable?

Si es tratable, ¿estará papá contemplando cirugía, rayos, quimioterapia, o alguna combinación de las tres?

Si es tratable, ¿cuál es la posibilidad de recurrencia?

Si no es tratable, ¿cuánto tiempo le queda a papá?

Mi padre tenía setenta y tres años, no fumaba, cuidaba su dieta, caminaba mucho y en general, se cuidaba bien. Así que no parecía que fuera el estilo de vida lo que hubiese llevado al crecimiento del tumor. Sin embargo, en los días y semanas siguientes, a cada paso del camino llegaban las peores noticias posibles. El tumor era maligno. Se había expandido. Era cáncer en los riñones, prácticamente incurable una vez producida la metástasis. Cuando mi hermana Debbie y yo hablamos con el cirujano, nos dijo (con ese modo "franco" pero cruel que algunos médicos consideran la actitud apropiada frente al enfermo).

No tengan mucha esperanza. Mi suegra tuvo el mismo tipo de cáncer. Se fue en tres meses.

Uno de los factores que ayudan a la gente a perseverar es la esperanza. Pero la noticia de este cirujano y su manera de darla (no les había dicho aún a nuestros padres) enseguida mató nuestra esperanza. Cuando lo supo, mi madre fue la que peor lo tomó; casi se desmaya. De mi padre, no estaba claro cuán conectado estaba con sus sentimientos, porque no los compartía. Papá era un filósofo y mostró su fuerza de carácter a través del todo el proceso. Dio un buen modelo de rol con su valentía y perseverancia. Espero que cuando sea mi turno, sea capaz de armarme de la misma callada sabiduría y el buen humor que por momentos compartió con todos nosotros.

Mi padre vivió dos años con posterioridad al diagnóstico, no la sentencia de tres a seis meses pronunciada por los médicos. En ese entonces no había tratamiento para la metástasis de cáncer renal, por lo que pasó por una batería de tres protocolos experimentales diferentes. No sabemos realmente si su supervivencia extendida tuvo algo que ver con estos tratamientos. Mi padre quería vivir todo el tiempo que pudiese y el poder estar en casa bajo el cuidado de mi madre lo ayudó mucho.

A su manera, lo manejó mejor que cualquiera de nosotros; ya que uno a uno los otros miembros de mi familia comenzaron a quebrarse. No fue una sorpresa que la primera en caer fuese mi madre. En un episodio, estaba tan agobiada que se disoció completamente, perdiendo brevemente el contacto con lo que sucedía a su alrededor. Gracias a Dios sus síntomas traumáticos fueron sólo temporarios; pero de todos modos, partía el corazón verla así.

Mi hermana también sufrió. Se volvió depresiva, ansiosa y, por un período breve, incapaz de funcionar. Y durante este tiempo, me encontré pensando: ¿cómo estoy aguantando? ¿Me voy a quebrar? ¿Cuándo me voy a quebrar?

Sucedió justo un mes antes de que papá falleciese. Estaba en casa moviendo una silla pesada, cuando mi espalda repentinamente se endureció en un espasmo entre los omóplatos. Fue como si los músculos superiores de mi espalda se hubieran transformado en un puño cerrado, sólido, que no se podía destrabar. El dolor era atroz; relajantes musculares, estimulación eléctrica, masajes; nada ayudaba. Comprendí que al no tener absolutamente ningún control sobre la inminente muerte de mi padre o sobre las dificultades que mi madre y mi hermana estaban experimentando, mi cuerpo estaba expresando mi dolor y al mismo tiempo aferrándose a la vida.

Tres meses después aún estaba en agonía. Seguí las recomendaciones de mi médico y me hice un escaneo con MRI (resonancia magnética). Los resultados fueron negativos. Todo estaba bien.

El médico me telefoneó con los resultados. Pero aunque eran alentadores, inmediatamente sentí una punzada en mi sien derecha, que se convirtió rápidamente en una migraña total; la primera en diez años. En minutos me encontré tendido en una habitación a oscuras, silenciosa, esperando los vómitos que me llevarían a dormir por horas y a aliviarme.

A las 8:14 de la mañana del 15 de enero de 1987, mi madre llamó (por una vez yo estaba en casa) para decirme que mi padre no podía moverse. Había sufrido lo que dos horas más tarde nos describieron como una "apoplejía espinal". Fui enseguida a su casa y llegué en el momento en que cargaban a papá en una ambulancia. La seguí bien de cerca mientras transportaba a mi padre al Hospital de Nueva York. El médico nos pidió a mamá y a mí que firmásemos un certificado expresando nuestra decisión de "no resucitar", y aceptamos; no se iban a tomar medidas heroicas para prolongar la vida de papá.

Llamamos a mi hermana, que estaba fuera de la ciudad y corrió al hospital. Allí, los tres nos apoyábamos mutuamente. En un momento, los ayudantes trasladaron a papá en una camilla, conmigo a su lado sosteniendo una taza de hielo que mi padre tomaba con un sorbete flexible, doblado. Llevé este recuerdo por muchos años. Mientras veía cómo lo instalaban en una habitación, supe que nunca iba a regresar a casa. Su valiente lucha había terminado y él también lo sabía. Se rindió dignamente y falleció.

Las palabras no pueden transmitir lo que sentí al estar presente en su final mientras abrazaba a los restantes miembros de mi familia. Recitamos el Kaddish, la oración judía a los muertos y le dimos el adiós final.

Nada de esto es inusual; de una manera u otra, les pasa a innumerables familias todos los días. No sucedió nada extraño; no hubo "sorpresas". Sin embargo, cada uno de nosotros experimenta la pérdida a su manera; la pérdida evoca emociones que son simultáneamente individuales y universales. Mi familia pasó por su propio proceso de duelo y gradualmente nos recobramos. Mi preocupación principal en ese momento era Jonathan, de tres años. Me preocupaban los efectos que el deterioro y muerte de su abuelo podrían tener sobre él y traté de protegerlo lo mejor que pude. A su vez, encontré en él una fuente de solaz; su vivaz inocencia era un refrescante antídoto para la infelicidad que me rodeaba y que yo mismo sentía.

Durante este tiempo, busqué ayuda terapéutica. La mujer a quien quería consultar estaba de vacaciones, así que consulté a la terapeuta que la reemplazaba: una mujer madura, bien entrenada, que interpretó mi deseo de focalizar en mi crisis, sesión a sesión, como resistencia a una terapia regular. Sin importar cuánto remarcaba mis necesidades, ella no retrocedía y abandoné antes de perder la paciencia. Sé que un terapeuta necesita ejercer algún control sobre las sesiones, pero esta mujer quería dictarme las condiciones. No sólo no demostraba empatía, sino que era directamente hostil; por lo menos, así lo experimenté yo. (Mucho más adelante lo reconocí como una poderosa oportunidad de aprendizaje: precisamente, cómo no comportarme. EMDR pone más control en manos del paciente; la terapia puede llevarse a cabo de sesión en sesión. En efecto, la necesidad del paciente puede dictar la agenda y no sólo el terapeuta. Hay una apertura constitutiva en el proceso de EMDR, que está en oposición directa a la mentalidad terapéutica común: miércoles a la una a perpetuidad).

Intenté con otros dos terapeutas, con resultados decepcionantes ambas veces. El primero demostró suficiente empatía pero no fue particularmente perspicaz. El segundo era sólo un poco mejor. Por lo tanto, decidí arreglármelas solo; un viejo y conocido patrón de mi niñez. Por supuesto que continuaba viendo a pacientes en mi consultorio, lo que me proveía de un refugio a mis caóticas circunstancias de vida. El proceso de tres años desde el diagnóstico inicial hasta completar el duelo (y algunos aspectos del duelo no terminan verdaderamente nunca) fue un trauma punzándome, día a día, momento a momento, que me dejó ciertas heridas sin cicatrizar. Aunque el proceso de la muerte de mi padre, en especial los eventos del día en que murió, ha permanecido conmigo de muchas maneras, he trabajado la mayoría de los aspectos traumáticos asociados a mi propio tratamiento posterior con EMDR.

Este hecho promovió mi crecimiento personal. Tengo mayor capacidad de enfrentar las naturales e inevitables pérdidas que acompañan la muerte y la agonía. Durante la enfermedad de mi padre, visité a mis padres semanalmente y nos acercamos más. Nunca pasamos algunas de sus barreras, pero yo lo acepté. Al acercarse el final, él se retrajo, no sólo de mí sino también del resto del mundo. Este es el narcisismo apropiado de un hombre agonizante, su lugar y su derecho. Pero para mí significó abandonar la última oportunidad de encontrar con él la intimidad que no había tenido en la niñez; casi una historia universal en sí misma.

EL ACCIDENTE DE MI HIJO

Era un viernes a la mañana, 14 de agosto de 1997, dos meses después del bar mitzvah de Jonathan. Las cosas iban otra vez particularmente bien para mí, tanto en casa como en el consultorio. Yo estaba en sesión cuando sonó mi tele-radio, no una sino cinco veces. No reconocí el número y decidí que el que llamaba debía esperar. Luego se repitieron llamadas a mi contestador automático. Faltaban diez minutos de la sesión; decidí esperar ese lapso tan breve hasta terminar. Entonces, el teléfono sonó tres veces, seguidas de un silencio. Era Nina.

¡Una emergencia!

Me disculpé y la llamé inmediatamente:

- ¿Qué sucede?

Su voz era a la vez controlada y temblorosa.

- Jonathan ha tenido un accidente, pero va a estar bien. Tiene algunos huesos fracturados, algunas quemaduras. Del hospital han tratado de contactarte. Está en la sala de emergencias del

Centro Médico de Nassau County. Van a trasladarlo a la Unidad de Cuidados Intensivos pediátrica. Ven lo más rápido que puedas.

Me comuniqué con los dos últimos pacientes para cancelar (el siguiente ya estaba en la sala de espera) y supuse que podría llamar al resto desde el hospital, que estaba a diez minutos al norte de mi consultorio. ¿Diez minutos? Me llevó una eternidad.

¿Me estaba contando la verdad Nina al decirme que él iba a estar bien? ¿Estaba en peligro? ¿Habría algún daño permanente, algún compromiso neurológico o en la columna? ¿Sala de emergencias? ¿Cuidados intensivos? ¿Qué diablos está pasando?

A mí lo que más me altera es la falta de conocimiento o de información y no recuerdo nada del trayecto al hospital excepto que instintivamente y en silencio le rogaba a Dios por mi niño. Una vez en el hospital, estacioné y busqué frenéticamente a través de un laberinto de corredores la unidad de cuidados intensivos pediátrica. De alguna manera, encontré el camino. Nina me estaba esperando a la puerta. No tenía maquillaje y la mirada atormentada en sus ojos contradecía la serenidad de su comportamiento. En los momentos de crisis, encuentra su fuerza interior.

- ¿Qué sucedió?- le pregunté.

Estaba andando en bicicleta y fue embestido. Un automóvil retrocedió, lo tiró y lo arrastró quince metros debajo del paragolpes. Se fracturó el hombro y la pelvis de ambos lados – su voz perdió algo de calma-. También el tobillo. Y ha tenido quemaduras, quemaduras importantes por el contacto con el caño de escape del automóvil y del roce con el cemento al ser arrastrado.

La abracé y nos quedamos así en silencio por unos pocos segundos, ambos juntos y destrozados; luego me desprendí de ella y miré dentro de la habitación. Jonathan estaba tendido de espaldas en un enredo de sondas, cables de monitoreo, y vendajes. Sus ojos estaban empañados por los sedantes; me reconoció con una sonrisa débil. Podría haber perdido a mi hijo, mi único hijo. Todo se hundió dentro de mí y recé en silencio.

Su boca estaba reseca y me pidió agua. Levanté una taza plástica con agua helada y un sorbete flexible. Mientras él comenzaba a sorber, instantáneamente me vino la misma imagen, sólo que con mi padre en su último día. Pero esta vez, yo era el padre y el paciente era mi hijo. Comprendí que se iba a recuperar, a pesar de sus cicatrices físicas, pero ¿quién sabía qué cicatrices emocionales iban a perseguirlo?

Solamente más tarde supimos la historia completa. Jonathan había estado andando en bicicleta en una tranquila calle suburbana de nuestro vecindario con una amiga llamado Donny, cuando una mujer de edad salió de la entrada de su casa y retrocedió por el lado incorrecto de la calle, obviamente sin mirar para atrás. De alguna manera no alcanzó a Donny (él y Jonathan estaban uno al lado del otro, a treinta centímetros de distancia entre ellos) pero impactó a Jonathan, lo tiró y lo arrastró con su bicicleta quince metros, ambos atrapados bajo el paragolpes trasero. Dio marcha atrás en otra entrada cubierta de gavilla y finalmente paró el automóvil, al principio inconsciente de los gritos de Donny y de lo que había hecho. Su esposo, en el asiento del acompañante, tampoco tenía la menor idea de lo que había pasado.

Una vez alertada, la mujer salió del auto, dejando el motor encendido. Jonathan estaba aún atrapado debajo del auto sobre el pavimento y la severidad de sus quemaduras en su costado y dorso aumentaba por el contacto con el caño de escape a medida que éste se calentaba cada vez más. Al fin, un vecino salió disparando de su casa y apagó el motor. Había traído un cricket y pudo elevar el auto, teniendo el buen tino de no mover a Jonathan de donde estaba tendido. Irónicamente, si mi hijo hubiese tenido puesto su casco (una regla impuesta por nosotros que había desobedecido) la compresión de su cabeza entre el auto y el pavimento podría haber aplastado su cráneo o haber provocado la fractura de su cuello o de la columna vertebral. Jonathan luego contó que había rechazado en silencio mientras estaba debajo del auto, pidiendo a Dios que lo dejase vivir y entonces se sintió bañado por una cálida luz protectora.

El padre de Donny, que vive a unas pocas calles de nosotros, corrió a nuestra casa y le dijo a Nina:

- Tienes que venir, Jonathan fue atropellado por un automóvil.

- ¿Está bien? – preguntó ella.

- No sé – contestó.

Desde ese momento hasta que llegó al lugar del accidente, Nina no supo si Jonathan estaba vivo o muerto, lo que fue un gran componente de su propio trauma.

La policía llegó enseguida y tomó el control. Jonathan fue subido a una ambulancia y llevado urgentemente al hospital.

En cuanto al causante del accidente, el automóvil nunca fue secuestrado para investigarlo y a ella ni siquiera le hicieron una multa. El matrimonio escondió y quizás destruyó la evidencia, pues el auto desapareció y nunca más fue visto. Es comprensible que uno quiera protegerse, pero hay que portarse como un ser humano. Para mí, el comportamiento tanto del esposo como la esposa demostró una falta tan grande de responsabilidad y decencia, al punto que durante años tuve fantasías de alquilar un camión, manejarlo hasta su jardín y retrocederlo a través de su gran ventanal de vidrio hasta dentro de su sala. No tenía ningún deseo de matarlos, sólo darles a probar el terror que le habían hecho pasar a Jonathan. Con el tiempo este deseo pasó, pero mientras escribo esto, la idea aún me resulta atractiva.

La situación era asombrosamente similar a crisis que yo había tratado en pacientes míos por muchos meses y años. (Inevitablemente lo recordé cuando Al y Tippy Gore hablaron tan sentidamente sobre su hijo atropellado por un auto). Jonathan estuvo hospitalizado durante las tres semanas siguientes sin dejar la unidad de cuidados intensivos. Con cirugía le implantaron un clavo en su tobillo, pero el problema más serio eran las quemaduras. (Afortunadamente, el Centro Médico de Nassau County tiene una de las mejores unidades para quemados del país). Todos los días las zonas afectadas requerían esterilización y lavado, mediante una técnica llamada sedación consciente. Aunque Jonathan no tenía noción de lo que estaba sucediendo, Nina y yo podíamos oír sus gritos y quejidos, lo que era casi intolerable. Durante todo este tiempo Jonathan demostró un gran valor. Pero yo estaba cargando no sólo con su trauma, sino también con el mío, el de Nina y el del resto de la familia.

Nina y yo nos turnábamos para quedarnos con Jonathan las 24 horas, Nina durante el día y yo de noche. La habitación de Jonathan tenía un sillón reclinable, en el que yo dormía mientras Jonathan estaba dormido. Ahí sentía una paz espiritual que nunca antes había conocido. Simplemente el estar ahí por él, el estar ahí con él, era extraordinario. No podía decir que estaba feliz, pero en esas horas me sentía en un estado alterado, como si ambos fuéramos uno. Ni siquiera podía compartirlo con Nina (nos veíamos siempre a las corridas) y me preguntaba si ella estaba pasando por una experiencia similar. Una cosa era segura: ambos estábamos haciendo lo que queríamos hacer por nuestro hijo.

Jonathan tuvo que pasar por incontables procedimientos médicos. Tenía fobia a las agujas (aún la tiene) y ahí estaba, con agujas intravenosas saliendo de sus manos y sus pies y obligado a someterse a innumerables análisis de sangre. Pudo manejarlo todo. Como hijo adolescente de un terapeuta de EMDR, había rehuido cualquier experiencia terapéutica. Me ola hablar de ello con un colega por teléfono y me decía que no quería saber nada.

No me hables de esa idiotez de EMDR – era la manera elegante en que lo decía.

Sin embargo, en el hospital me pidió que le "hiciese EMDR" en sus pies para ayudarlo a relajarse y tolerar el dolor. Yo los masajeaba de derecha a izquierda una y otra vez, al punto del agotamiento. A veces él insistía en que siguiese aunque yo no tenía fuerzas. Y de noche, ambos usábamos auriculares, lo que nos ayudaba a relajarnos y dormirnos.

Estoy convencido que el masaje bilateral en sus pies no sólo ayudó a Jonathan emocionalmente, sino que colaboró con su curación física. Y en verdad, se curó rápidamente. Sus cicatrices en el brazo y en el costado pueden eventualmente arreglarse con cirugía plástica. Hasta ahora se ha negado, aunque puede ser que cambie de idea cuando sea mayor. Su recuperación está ahora bajo su control y aunque me gustaría que se hiciese cirugía pues creo que sería lo mejor para él a la larga, me reservo la opinión y dejo que la decisión en sus manos.

Evité con mucho empeño hacer algún tipo de trabajo sobre el trauma con él. Soy su padre, no su terapeuta y además, yo mismo estaba traumatizado. Necesitaba atender mi propio TEPT antes que el suyo y hacer mi terapia con un experto. Así que los masajes izquierda – derecha en sus pies y la música bilateral fueron únicamente para ayudarlo a sentirse más aliviado para enfrentar la agresión diaria que sufrían su cuerpo y sus emociones.

La estimulación bilateral le significó una gran diferencia en su capacidad para sobrellevar el proceso de curación, en su tranquilidad con su propio cuerpo y en su crecimiento espiritual. Cuando finalmente volvimos a casa, tenía dificultad para caminar debido a su tobillo, por lo que cojeaba con un bastón como un viejo. Le instalamos una cama de hospital y de a poco, durante las siguientes seis semanas, se mejoró lo suficiente para moverse por sí mismo y luego, gracias a Dios, para volver a la escuela y a una vida normal.

Mi viejo amigo Uri lo trató con EMDR. Conocía a Jonathan pero estaba lo suficientemente alejado de él como para ser un terapeuta objetivo y yo le tenía confianza. En tres sesiones, el TEPT de Jonathan, el trauma real, había desaparecido. Aún tenía cicatrices en su brazo, su costado y su trasero, pero las cicatrices emocionales se habían curado.

Otros aspectos psicológicos surgieron más adelante. Jonathan tuvo una reacción aniversario, a un año exacto de la fecha del accidente; se despertó ansioso después de tener pesadillas y se resistía a entrar en un automóvil. Más trabajo con Uri permitió procesar estos puntos rápido y según creo, completamente. Una de las consecuencias secundarias más fascinantes de la experiencia fue que al año siguiente Jonathan, que siempre fue una criatura creativa y dotada, espontáneamente comenzó a escribir poesía. No sobre el accidente sino sobre su vida, sus pensamientos y sentimientos. Las palabras brotaban de él a su computadora. Una vez, en un seminario que dicté sobre creatividad, distribuí algunos poemas de Jonathan y algunos míos. Una mujer alzó su mano.

Sus poemas son buenos – dijo, pero los de Jonathan son estupendos.

No tuve ningún problema en tomar eso como un cumplido.

Nina también mantuvo algunas sesiones con Uri, pero yo, que era un amigo demasiado cercano, fui a una terapeuta llamada Carol Forgash. En cinco sesiones con ella se alivió mi TEPT. En verdad, mi más profunda gratitud a EMDR, ya que no sólo sanó emocionalmente a Jonathan sino que nos permitió a todos sanarnos como familia. Estas experiencias terminaron de cerrar para mí el círculo de la fuerza de EMDR para cambiar la vida. Profundizó además, mis capacidades de curar con EMDR.

Ocasionalmente hablamos del accidente, no mucho, pero a veces. Aunque ya no lucho más con mis síntomas de TEPT, el accidente aún resuena en mí, es parte de mi sistema, parte de mi experiencia. No cambia la manera en que hago las cosas; es otra manera de abrirse y reconocer que a medida que me acerco a los cincuenta, mi tiempo es finito y tengo que ser más activo si deseo alcanzar mis metas en la vida. Por lo general no reflexiono sobre ello conscientemente, pero está entretejido en mi tela, al igual que la experiencia de la enfermedad y muerte de mi padre.

EMDR puede curar a los individuos: ha sanado a mi familia. Y en la curación de los individuos yace la posibilidad de sanar comunidades e incluso naciones. No me digan que es demasiado idealista, Lo he visto suceder en Irlanda del Norte.

Capítulo 13: Transformar las peores épocas en las mejores

Mi trabajo de voluntario con los Programas de Asistencia Humanitaria de EMDR (HAP) me cambió la vida y nuevamente debo agradecerle a Francine Shapiro.

EMDR comenzó hace trece años. Dos años más tarde, la Dra. Shapiro había comenzado programas de entrenamiento en todo el país. Hoy en día, unos cuarenta mil terapeutas han sido entrenados en EMDR; aproximadamente treinta mil de ellos son de los Estados Unidos y el resto, de Canadá, Europa, Sudamérica, Australia, Oriente Medio, Sudáfrica y Asia.

Si el descubrimiento de EMDR fue la fase uno, el desarrollo del método terapéutico la fase dos y los entrenamientos la fase tres, la fase cuatro fue la visión de la aplicación humanitaria de EMDR: ver como *imperativo* el utilizarlo no solamente para el bien de individuos necesitados sino también para la cura de comunidades e incluso naciones. En esta fase, al igual que en las otras tres, las acciones de la Dra. Shapiro la muestran como un modelo de rol, una mentora y una fuerza para el bien, tanto a nivel nacional como internacional.

LOS ORÍGENES DE LOS PROGRAMAS DE ASISTENCIA HUMANITARIA (HAP)

La aplicación de EMDR en respuesta al desastre en gran escala comenzó luego que el huracán Andrew devastó Homestead, Florida, en 1992. Cuando pasé por el pueblo en 1993, éste aún estaba derruido. Casi no podía imaginarme la escena un año antes, ni el terror y el trauma omnipresente.Inspirados por Francine Shapiro, un pequeño grupo de terapeutas de EMDR se ofrecieron a proveer EMDR a los devastados residentes locales así como a los rescatistas, que buscaban sobrevivientes sin parar y ayudaban a los heridos y evacuados.

HAP fue una consecuencia natural del apoyo voluntario provisto por los terapeutas de EMDR, quienes ahora realizan entrenamientos gratuitos a terapeutas locales de lugares donde ese entrenamiento normalmente no estaría disponible. Al apoyar a los voluntarios locales, que son los que mejor pueden ayudar a su gente, este enfoque evita la trampa del paternalismo; como dice el viejo dicho: no des pescado a la gente, enséñale a pescar. Se realizaron proyectos pilotos en Sudamérica y en los países balcánicos, pero HAP realmente tomó vuelo luego de las bombas en la ciudad de Oklahoma en 1995, cuando cientos de voluntarios terapeutas de EMDR entrenaron a terapeutas locales y proveyeron asistencia en crisis a toda una ciudad que sufría de TEPT. También colaboraron otros equipos de crisis, pero EMDR fue el único método clínico que estuvo activamente involucrado, probablemente porque consigue resultados tan rápidamente, a máxima velocidad, especialmente sobre trauma reciente y es tan efectivo en el momento.

HAP es simplemente un fruto del modelo de tratamiento. Existe porque EMDR trabaja incluso sobre traumas tan devastadores como el de las bombas en la ciudad de Oklahoma, en casos que previamente hubiesen dejado sobrevivientes lastimados de por vida. Lo sé pues he visto repetidamente pruebas, tanto aquí como fuera de los Estados Unidos.

EL CICLO DE VIOLENCIA

Un niño es abusado. De adulto, repite el patrón y se convierte en abusador. Una cruenta disputa estalla entre clanes. La lucha entre ellos continúa por generaciones, mucho más allá del olvido del conflicto original. Un grupo reclama un territorio que otro considera suyo. Arrecian las batallas entre los dos grupos hasta que el territorio en cuestión ya no tiene valor. Los católicos están contra los protestantes, los musulmanes combaten a los hindúes, los serbios y croatas luchan en lo que parece una enemistad perpetua.

El ciclo de violencia, perpetrado por aquéllos que infligen violencia sobre otros, se les vuelve en contra, ya sea como individuos, grupos o naciones. En ese escenario, todos los involucrados tienen historias de trauma. Si te fijas en la historia de un abusador sexual, verás que invariablemente él (o más raramente, ella) ha sido profundamente abusado. Un asesino serial tendrá generalmente una historia de severa violencia física y sexual en su desarrollo temprano. Cuando niños disparan contra otros niños (o adultos) no hay que mirar muy lejos para encontrar razones para su violencia. El trauma engendra trauma, en un ciclo aparentemente eterno de abuso y perpetración.

Afortunadamente, la mayoría de los niños abusados no se convierten en adultos abusadores. La mayoría de las veces sufren en silencio, impactando sutilmente a aquéllos que los rodean y a la sociedad como un todo. Algunos con historia de abuso muestran una capacidad de supervivencia y resiliencia extraordinarias; son capaces de elevarse por encima de sus historias y llevar vidas productivas. Pero del conjunto de los que quedaron traumatizados emergen nuevos perpetradores de violencia.

Del mismo modo, una nación traumatizada frecuentemente va a infligir dolor a las naciones vecinas. El trauma de Alemania durante la Primera Guerra Mundial y la posguerra abrió el camino para el ascenso de Hitler. La esencia de la lucha a muerte en los Balcanes entre Serbia, Bosnia, Croacia y al final, Kosovo nace del trauma y retraumatización de generaciones desde siglos atrás.

Los terapeutas de EMDR nos inclinamos a creer que nuestra nueva capacidad de curar el trauma más profunda y rápidamente nos da una posibilidad nueva de romper el ciclo de la violencia y quizás hasta de revertirlo. Y el lugar donde hay que empezar, tanto para las naciones como para los individuos, es con nuestros niños, pues ellos son los que más profundamente absorben el trauma y lo trasladan al futuro. Justamente por esta razón, los niños tirando piedras, disparando armas automáticas o sirviendo como soldados están entre las imágenes más tristes que vemos,

En mi consultorio privado trabajo principalmente con adolescentes y adultos, muchos de los cuales han sufrido traumas en la niñez. Pero muchos terapeutas que trabajan exclusivamente con niños han incorporado técnicas de EMDR en su abordaje, incluyendo terapia a través del juego. La filosofía HAP consiste en focalizar en todos los que necesitan, ya sea en nuestro país o en el extranjero; creo que focalizar en las necesidades de los niños debería ser nuestra primera prioridad.

HAP EN EL EXTERIOR

Al comienzo, Francine Shapiro condujo sus esfuerzos humanitarios en el extranjero por su cuenta. Por ejemplo, proveyó tratamiento y entrenamiento EMDR en Colombia, América del Sur, en un precario centro organizado por los voluntarios locales para niños enfermos de cáncer que habían sido rechazados por sus familias. Sus resultados la asombraron, especialmente en el alivio emocional y psíquico de niños que sufrían dolores en el miembro fantasma, a consecuencia de una amputación. Uno de los primeros esfuerzos formales de HAP en el exterior se realizó en los estados balcánicos. Un equipo de entrenamiento llegó desde los Estados Unidos y la mayoría de los terapeutas a entrenarse provenían de Bosnia y Croacia, aunque dos valientes terapeutas viajaron desde Serbia, que se encontraba en estado de guerra tanto con Bosnia como con Croacia. Personas así no solamente actúan como sanadores, sino que proveen un modelo para sus conciudadanos, al constituir un puente que une las diferencias culturales y religiosas.

El primer Congreso Internacional de EMDR en el que participé fue en 1995, en Santa Mónica, California. Al finalizar sus palabras, la Dra. Shapiro habló sobre el trabajo de HAP. Instantáneamente, supe tanto en mi mente como en mi corazón que HAP tenía un lugar para mí. Por décadas había seguido las catástrofes nacionales e internacionales sintiendo una mezcla de dolor e impotencia. ¿Qué podía hacer yo, como individuo, frente a tanto trauma masivo? Pero en un sólo instante sentí abrirse una oportunidad; sabía que podía extender mi trabajo a otros países, otras culturas. La pregunta era ¿dónde comenzar?

IRLANDA DEL NORTE

Desarrollé el gusto por la música irlandesa en 1993, durante un viaje de familia a las provincias marítimas canadienses y a Terranova, que son activos centros de las culturas gala y celta. En 1995 viajé con mi familia a Irlanda, donde pasamos ocho días para seguir luego a Noruega y Dinamarca.

Una noche en Irlanda, Nina y yo entramos a un pub en Kilkenny a escuchar tocar a una banda local. El lugar estaba atestado de gente y terminamos sentados a una mesa con una pareja que, descubrimos enseguida, era de Irlanda del Norte y estaba de vacaciones. Cuando pregunté sobre el estado actual de Los Problemas" (The Troubles[11]), dieron unas pocas respuestas

---

[11] NT: "The Troubles", "Los Problemas", es un eufemismo comúnmente utilizado en Irlanda del Norte y la República de Irlanda para referirse al más reciente periodo de inestabilidad civil y política, y al violento conflicto político (desde 1968). El término "Problemas" (Troubles) se utilizaba en un contexto

vagas, pero luego de unas cuantas cervezas comenzaron a abrirse y oímos historias de la vida diaria normal interrumpida por esporádicas bombas, asesinatos y secuestros. Yo no sabía si eran católicos o protestantes y tampoco me importaba, pero su angustia era obvia. Lo peor, nos dijeron nuestros nuevos amigos, era el lento desgaste de vivir en la incertidumbre y el temor. El marido lo llamaba el diario goteo: la sospecha subyacente hacia los otros, los bloqueos de rutas y puntos de requisas militares, tratar de saber la diferencia entre el caño de escape de un auto y un tiroteo, el nudo en el estómago al recoger el diario para leer sobre el último incidente (¿estaría herido un miembro de la familia o un amigo?).

Mientras nos seguían contando, me pregunté si habría EMDR disponible en Irlanda del Norte. Cuando regresé a casa, descubrí que nunca se había realizado entrenamiento en EMDR en ese país. (Sí descubrí un terapeuta de Belfast que había sido entrenado en los Estados Unidos.) En ese momento decidí que era mi tarea llevar EMDR a Irlanda del Norte: todo había conducido a ello y HAP me daría la oportunidad.

Las razones por las que decidí dirigir mis esfuerzos hacia allí venían de algo más que un encuentro casual en un pub irlandés. La violencia me apabullaba. Aunque no había servido en el ejército ni peleado en Vietnam (y arrastraba culpa porque tantos de mis contemporáneos sí habían estado y habían sufrido por ello), las imágenes de ese conflicto en los noticiosos se habían quedado pegadas en mi mente, en una forma de traumatización secundaria o vicarial. Recuerdo ver en las noticias la nómina de los norteamericanos que habían muerto y preguntarme por qué nadie parecía tomar en cuenta el dolor de los survietnamitas o incluso de nuestros enemigos que habían perdido sus vidas. Y casi simultáneamente, "Los Problemas" estallaron nuevamente en Irlanda del Norte, un conflicto cuyas raíces llegaban a tres centurias antes, cuando los ingleses transplantaron familias escocesas a los condados irlandeses del Ulster: protestantes

---

social en los velatorios o funerales, donde se expresaban las condolencias a los familiares y amigos de los fallecidos diciendo "lamento sus problemas"; el uso de la expresión pasó a cubrir los conflictos políticos y sociales más amplios de la región.

implantados en una tierra católica. A medida que pasaron las décadas, estos nuevos habitantes desarrollaron sus propias identidades irlandesas: Irlanda se dividió entre el sur y el norte y el norte se dividió entre católicos y protestantes. El odio y la disputa los ulceró por generaciones, como un lento descenso al infierno.

Por momentos me he preguntado por mi afinidad con los irlandeses y su cultura; mi mejor respuesta es que viene de mi propia herencia judía. Mi gente ha tenido que pelear por siglos para sobrevivir, manteniéndose unida por nuestras creencias y cultura, por depositar un alto valor en la familia, la espiritualidad, el saber y la perseverancia, y por celebrar nuestra cultura a través del idioma, comida, música, baile, misticismo y humor. Lo mismo ha sucedido con los irlandeses. En retrospectiva, comprendo por qué seguí con tanta atención el estallido de "Los Problemas" en los setenta, especialmente la desesperante historia de la huelga de hambre y posterior muerte de Bobby Sands y sus compatriotas del IRA presos; era porque estos temas e imágenes resonaban para mí como aquéllos del levantamiento del gueto de Varsovia y el suicidio en masa de los judíos en Masada para evitar ser capturados por los romanos.

Compartí con Francine Shapiro mi deseo de llevar HAP a Irlanda. Su respuesta fue directa:

–Hazlo.

El primer paso, me dijo, era encontrar un contacto local en Irlanda del Norte. No lo tenía, por lo que hice consultas en la comunidad irlandesa de Nueva York. Fui a los Hiberninans. Fui a la Fundación Americano-irlandesa. Me miraban como a una curiosidad, un hombre no irlandés interesado en los asuntos irlandeses y no podían darme ninguna ayuda.

Finalmente encontré mi contacto en una mujer llamada Joan Kinnear, una asistente social en el programa de asistencia laboral del ferrocarril de Long Island, con quien yo había tenido mucho trato por mi trabajo con los maquinistas de ferrocarril. Joan es irlandesa-americana de primera generación, activista en apoyar los campamentos para niños irlandeses carenciados. Cuando la llamé, me contó que tenía dos amigos psicólogos en Belfast y me daría sus nombres y números telefónicos.

Los llamé.

–Hola –les dije–. Me gustaría presentarme. Mi nombre es David Grand, soy un psicoterapeuta que llama desde Nueva York y me gustaría ir allí y entrenar a su gente en técnicas de trauma en forma gratuita.

Si hubiese intentado eso aquí en los Estados Unidos, probablemente hubiese escuchado un clic seguido del tono de discado, pero ambos amigos de Joan me escucharon respetuosamente. Como eran académicos, no podían ayudarme directamente, pero me pusieron en contacto con una terapeuta clínica local: Patricia Donnelly, una de las psicólogas supervisoras en el hospital infantil de Belfast.

Patricia parecía interesada.

– ¿Si llevo un equipo de entrenadores conmigo Ud. podría ayudarme? –le pregunté.

–Sí – me dijo, pero yo sabía que iba a tener que demostrar mi valía cuando llegase allá.

Esa era la apertura que estaba buscando. El próximo desafío, el mayor, era juntar los fondos. Estimé que necesitaríamos u$s 5.000 para pagar los pasajes aéreos, los manuales de entrenamiento, la comida y el alojamiento en el lugar. Sabía que una de mis pacientes, que había sido curada con EMDR luego de años de sufrir TEPT a raíz de un grave accidente automovilístico, utilizaba su herencia en apoyar causas nobles. Me sobrepuse a mi reticencia a contactar a una ex-paciente y ella con toda buena disposición donó US$ 3.000. Barb Korzun, una facilitadora de EMDR, ofreció su ayuda y fue invalorable en la recolección del resto del dinero que se necesitaba. Juntos vendimos botones y camisetas con la insignia de HAP en el siguiente congreso internacional de EMDR llevado a cabo en Denver, y Barb pidió ayuda a su propia familia y amigos. Comprendiendo el valor del apoyo organizacional, contacté a mi cuñado, Irwin Cohen, que era presidente del Rotary Club en Half Moon Bay, California (una localidad vecina a Moss Beach, donde vivía en ese momento Francine Shapiro). Interesó al Club lo suficiente para que contribuyese con US$ 500 y, lo que fue igualmente importante, me proveyó con una lista de Rotary Clubs de Belfast.

Unir los continentes con el apoyo de los hermanos rotarios sólo podía mejorar nuestros esfuerzos. Necesitábamos una sede para el entrenamiento y la encontramos a través del Rotary Club de West Antrim, un grupo de distinguidos caballeros que también nos paseó por su país en nuestro día libre, entre entrenamientos. Irlanda del Norte es una tierra absolutamente hermosa y Belfast, a pesar de su mala prensa, es una ciudad encantadora.

Para noviembre de 1996, nuestro equipo de HAP, tres hombres y dos mujeres, estaba listo. Mientras tanto, en Belfast, Patricia Donnelly había logrado la ayuda de Desmond Poole, el psicólogo en jefe del la Real Policía del Ulster que trataba a innumerables oficiales de policía traumatizados. Juntos habían generado considerable interés entre los clínicos locales y una vez que comenzó a desparramarse la noticia, el interés se expandió exponencialmente. Incluso llegó a Dunblane, Escocia, donde diez terapeutas que habían estado tratando ciudadanos traumatizados luego de una masacre en una escuela llevada a cabo con armas automáticas por un hombre trastornado supieron de nuestro intento y se unieron a nosotros.

La cantidad de terapeutas católicos y protestantes era bastante pareja. No estábamos entrenando gente que se odiaba: los terapeutas tienen un apego universal, pero había a la vez una tensión subyacente. En mis lecturas preparatorias, había aprendido que nunca se le pregunta a una persona si es protestante o católica: generalmente, su nombre revela esa información. Irónicamente, para el equipo de entrenamiento los matices culturales se complicaron por el hecho que hablábamos un mismo idioma pero las diferencias culturales eran tan marcadas como si fuésemos franceses o suecos. Por ejemplo, durante el entrenamiento me asignaron guiar a Des Poole en su búsqueda para avanzar y convertirse en un facilitador. El rol del facilitador es supervisar cuidadosamente a los entrenados durantes las prácticas experienciales e intervenir cuando el entrenado comete un error. Pero Des, observando con cuidado, simplemente no intervenía ante obvios errores. Lo urgí a que interviniese más activamente, si no ¿cómo iban a aprender los estudiantes? Asintió con la cabeza pero volvió a su actitud de no interferencia.

Tuve que aprender que los irlandeses consideran mala educación llamar la atención en público sobre los errores de otro; totalmente distinto al estilo americano, tan directo. Des y yo enfrentamos juntos el problema y pudimos discutirlo con franqueza. Al final del proceso, mientras acordábamos un posible momento para un entrenamiento HAP de seguimiento, le sugerí una fecha próxima. Él consideró que sería demasiado pronto y procedió, frente a todo el equipo de entrenamiento, a confrontarme. Se hizo un silencio atónito. Ambos nos miramos momentáneamente y juntos nos echamos a reír.

Suministramos dos entrenamientos de Nivel I esa semana. Los entrenados eran psicoterapeutas muy preparados, sensibles y receptivos, dedicados a su profesión y apreciativos del trabajo que estábamos realizando y del potencial de EMDR como herramienta de sanación.

Nuestro equipo de entrenamiento no realizó trabajo clínico directo mientras estuvo en Irlanda del Norte, pero Patricia Donnelly, que había hecho todo eso posible, tomó el primer entrenamiento y hacia el final de la semana había comenzado ya a tratar dos casos. El primero era un adolescente que un año antes había visto a su mejor amigo caer de la parte trasera de un camión en marcha y matarse. Patricia había estado tratando al muchacho por meses sin resultados, pero ahora, en una sesión prolongada de EMDR, pudo ayudarlo a liberarse de su trauma y su culpa de sobreviviente. El segundo era un hombre católico sospechado por el IRA de cooperar con los protestantes, un rumor totalmente infundado. Había sido raptado y emplazado a dejar a su familia y su comunidad o enfrentar un futuro incierto. Llegó para su sesión temblando descontroladamente. Con EMDR pudo recuperar su equilibrio y urdir un plan para pedir apoyo a un sacerdote local que tenía alguna influencia con el IRA y podía darles fe de su lealtad. Por informes posteriores nos enteramos de que había tenido éxito y aún estaba con su familia, libre de síntomas de trauma.

Cuando llegamos a Belfast, había un sólo terapeuta de EMDR en la ciudad; cuando partimos, había cerca de cien. Retornamos un año más tarde a dar entrenamiento de Nivel II al primer grupo de entrenados y Nivel I para un nuevo grupo y en el ínterin los apoyamos con consultas y orientación a través del correo electrónico y fax. Hoy en día ya hay 250 terapeutas de EMDR en Irlanda del Norte, una comunidad terapéutica autónoma, algunos de ellos tratando exclusivamente a niños. Un año después de haberse acordado el cese del fuego, un grupo terrorista escindido colocó una bomba en un mercado de Omagh. Los terapeutas de EMDR estuvieron allí para ayudar a los heridos y a los familiares de los fallecidos.

Ahora, se sabe, ha mermado el terror. Nuestro equipo humanitario de expertos en EMDR nunca sería tan iluso de sobreestimar nuestro impacto, pero ciertamente fuimos una pequeña parte de la tendencia hacia la sanación, pacificación y reconciliación. Fuimos un hilo en la tela, entretejido junto con muchos otros hilos. Nuestros esfuerzos se inspiraron en Francine Shapiro y en todos los que fueron nuestros modelos iniciales en HAP, pero también en mis hermanas y hermanos terapeutas, protestantes y católicos, que nos abrieron su tierra y se unieron a nosotros en nuestra causa por la sanación.

En cuanto a mí mismo, emergí de la experiencia con muchos amigos nuevos y mi amor por la música y la cultura celta tiene ahora una nueva dimensión. El resultado de esta experiencia cumbre va más allá de mi habilidad para integrarla conscientemente. *¿Lo soñé? ¿Lo hice?* Tengo la sensación de que he podido contribuir a algo profundo e importante y que la herramienta, EMDR, es una fuerza de cambio que sobrepasa toda curación individual. Por ahora, no necesito más explicación.

LOS BARRIOS URBANOS EMPOBRECIDOS

Con tanta atención puesta en nuestros esfuerzos de HAP en el exterior, algunos de nosotros comprendimos que estábamos descuidando áreas necesitadas en nuestro país. Más allá de lugares como Homestead o la ciudad de Oklahoma, donde catástrofes naturales o provocadas por el hombre fácilmente llamaron nuestra atención, muchos lugares de los Estados Unidos tienen limitados servicios de salud mental, como las comunidades urbanas empobrecidas, las rurales y las reservas de los pueblos originarios norteamericanos.

En el Capítulo 6 escribí sobre Elaine Alvarez, que comenzó el Proyecto de Barrios Urbanos Empobrecidos. Los ciudadanos ignorados de estas calles malditas son hombres y mujeres de familia, decentes y trabajadores que viven en situaciones similares a las que encontramos en Irlanda del Norte. Me fascina la idea de la diversidad racial y cultural: cómo las personas pueden ser iguales y diferentes a la vez. Es extraño cómo estas diferencias generan desconfianza y animosidad por un lado y agregan a la textura del mundo, por el otro. La cultura negra, tan amenazadora y desconcertante para muchos blancos, representa para mí un ejemplo dinámico de la diversidad de esta nación y me encuentro atraído por la idea de trabajar en el campo de la reconciliación y sanación racial.

Como tantas otras comunidades marginales de América, Bedford-Stuyvesant carece de servicios básicos de salud y de salud mental. Sin embargo, la amarga ironía es que estos vecindarios empobrecidos son donde más se necesitan estos servicios. Bed-Stuy tiene una alta incidencia de traumas, derivados de la juventud sin derechos y la proliferación de armas en las calles. Cada vez más, EMDR es aceptada como una herramienta valiosa y utilizada en los entrenamientos en estos barrios. Carol Forgash y yo coordinamos un entrenamiento de HAP con ochenta terapeutas de comunidades de Long Island, que tiene mucha más pobreza y luchas raciales de lo que la mayoría de la gente se percata.

En Bed-Stuy, nuestro equipo de HAP impartió entrenamiento en EMDR a un grupo de veinticinco terapeutas que trabajan y se comprometen con su comunidad. Surgieron muchas cuestiones de confianza, al igual que en Irlanda del Norte. El lógico escepticismo que la gente expresa sobre EMDR se acrecentaba por temas raciales. Aunque Elaine es afro-norteamericana, lo que ayudó bastante, se puso mucha atención en generar confianza y disipar la creencia que queríamos utilizar los pacientes de los entrenados como conejillos de India para un experimento de tratamiento. Hemos tenido informes posteriores de resultados fenomenales de EMDR en docenas de casos en Bed-Stuy.

Una vez más, el efecto de la experiencia de Bed-Stuy fue poderoso para mí, personalmente. Los aspectos multiculturales y multirraciales de mi propio ámbito juegan un papel importante en mi pensamiento y en mi trabajo. Bed-Stuy fue una continuación natural de Belfast. Aquí también, si EMDR puede ayudar en el proceso de reconciliación y de sanación, puede cumplirse un aspecto más de la visión de Francine Shapiro.

ISRAEL Y PALESTINA

En Israel y Palestina, trauma y retraumatización ocurren diariamente: en efecto, el índice de TEPT para ambas poblaciones excede el 90%. Afortunadamente, EMDR ha prendido en Israel, con más de trescientos terapeutas de EMDR. Sin embargo, cuando estuve allí en noviembre de 1999 para realizar una presentación sobre EMDR en un congreso sobre trauma en Jerusalén, me enteré que en Palestina no había ninguno.

La diplomacia es siempre una danza delicada y esa situación no era una excepción. Los entrenadores y facilitadores israelíes de EMDR han generosamente ofrecido entrenar a sus compatriotas palestinos, pero éstos resisten la vulnerabilidad de su lugar de hermanos menores en la que nuevamente se encuentran. En el Medio Oriente, es fundamental salvar las apariencias y de alguna manera los profesionales que no pertenecen a HAP deben poner en marcha el entrenamiento para los palestinos y una vez logrado, según lo determine el momento, integrar al proceso a israelíes de máxima sensibilidad cultural. La meta última es juntar a los terapeutas de EMDR palestinos con sus colegas israelíes en un plano de igualdad. La desconfianza en esta parte del mundo es muy profunda. La sanación debe, por lo tanto, ser aún más profunda.

A pesar de ello, hay esperanza. Tres valientes terapeutas palestinos cruzaron a Israel a participar del congreso sobre trauma de 1999, impresionándome con sus conocimientos y sus capacidades. Un hombre me impactó en particular. Su nombre era Samir y trabajaba como terapeuta especialista en trauma en un centro de salud mental en Hebrón. Uno de sus pacientes era un palestino que seis años antes, mientras trabajaba en Israel, había visto a su primo ser embestido y muerto por un camión, una tragedia que destrozó su vida. A pesar de los mejores esfuerzos de Samir, éste no había podido reducir los síntomas de trauma de este hombre. Me ofrecí a volver con él a Hebrón para ver si una sesión de EMDR podía ayudar. Aceptó enseguida.

El paciente, un cincuentón orgulloso, con un parecido asombroso a un nativo originario norteamericano, estaba perseguido por las imágenes tanto del accidente en sí como de su primo yaciente en la morgue, cubierto por una sábana ensangrentada. Su síntoma principal era un dolor implacable detrás de sus ojos, una metáfora médica para el dolor de lo que habían visto sus ojos. Estaba convencido de que el conductor del camión había embestido a su primo intencionalmente y la injusticia de las autoridades israelíes en dejar libre al conductor luego de un interrogatorio somero le resultaba intolerable. Trabajé con él en una sesión de una hora y media, mientras Samir traducía y nos brindaba apoyo. En ese lapso, las imágenes se desvanecieron, así como su dolor ocular y su cuerpo se relajó por primera vez en años. La curación estaba lejos de completarse; era evidente que se necesitaba más tiempo y lamenté no tenerlo. Pero aparentemente ya no estaba bloqueado y Samir tenía ahora una oportunidad de proseguir el proceso de curación. Le di a Samir el libro de texto clínico sobre la técnica EMDR y en mayo concurrió al primer entrenamiento en EMDR en Palestina, bajo los auspicios de HAP; un paso pequeño en un proceso de curación mas amplio. Parafraseando a Confucio, un viaje de quinientas millas comienza con un paso. EMDR es una terapia para el presente y el futuro.

Capítulo 14: Uso de la estimulación bilateral con uno mismo: ¿Sí o no?

¿Es seguro utilizar la técnica EMDR sobre uno mismo, sin la guía de un terapeuta de EMDR? La respuesta es sí, pero solamente en forma limitada.

La auto-utilización de la bilateralidad plantea el mismo interrogante que la auto-utilización de cualquier disciplina que requiere de un protocolo y de entrenamiento. Nunca aparecerías en un escenario en una producción teatral profesional sin años de entrenamiento y experiencia actoral; incluso las personas que actúan en teatro amateur tienen un director que los guía. Y nunca te aplicarías tú mismo un tratamiento médico a menos que la lesión no fuese particularmente seria. Por ejemplo, la gente se trata dolores de cabeza, indigestión y cortes y quemaduras menores todo el tiempo, sin ver a un médico, pero no se dan puntos ellos mismos en un corte profundo ni se ponen **unguentos** comprados sobre una quemadura de tercer grado.

La persona autodidacta sólo puede llegar hasta un punto: puede leer, pero para algo avanzado va a necesitar *interpretación* de lo que ha leído. Necesitamos maestros no sólo porque ellos tienen conocimientos que nosotros no poseemos sino porque ellos saben cómo impartir su pericia o idoneidad. Las herramientas pueden estar disponibles para cualquiera en cualquier nivel, pero a menos que a una persona le enseñen a utilizar esas herramientas (y cuánto más sensible la tarea, más sofisticada la herramienta) le es más conveniente recurrir a un experto. Yo he probado auto-EMDR muchas veces, pero cuando se trata de uso terapéutico he encontrado que me va mejor poniéndome en manos de un **colega sensible, que recién** se está entrenando en EMDR; alguien que posee sólo una fracción del conocimiento que yo poseo. En verdad, a menos que me esté abocando a un tema menor, nunca he sido capaz de trabajar un protocolo completo **conmigo mismo.** El no tener la responsabilidad de observarse a sí mismo resulta, de última, liberador, incluso para el experto en EMDR.

EMDR utiliza las herramientas de la estimulación bilateral y el protocolo, combinadas. Puedes encontrar el protocolo en un libro sobre EMDR, y puedes mover tus ojos o golpetearte la rodilla de izquierda a derecha. Pero por el sólo hecho que esas herramientas están disponibles no significa que debas utilizarlas sin un terapeuta EMDR entrenado y competente. La técnica puede parecer fácil, pero la práctica no lo es. Cuando se trata de temas profundos, enraizados, tales como abuso infantil –especialmente físico o sexual- o los efectos de la guerra o de un accidente terrible, la auto-utilización de EMDR corre el riesgo de abrir recuerdos y sentimientos con los que no estás preparado para lidiar por ti solo. Ya sea que consciente o inconscientemente has cargado con trauma en tu sistema por años o décadas, abrir esa caja de Pandora sin supervisión puede **llevarte** a una ansiedad agobiante o, pero aún, a síntomas duraderos de disociación (confusión, sentimientos de desapego o de estar fuera de tu cuerpo, sentimientos de irrealidad o pérdida de memoria).

Debido a este peligro potencial, muchos terapeutas de EMDR (entre los que ciertamente se incluye Francine Shapiro) advierten que **las personas** nunca deben utilizar las técnicas de EMDR **consigo mismos**. De hecho, en los entrenamientos de Nivel I y Nivel II se enfatiza tan fuertemente el poder de EMDR para activar trauma oculto, que muchos entrenados salen demasiado asustados y no lo utilizan excepto en las situaciones más simples, y algunos tienen tanto temor, que jamás lo usan.

Es verdad que *precaución* debe ser una palabra clave en EMDR. Si el terapeuta que trabaja con pacientes que son extremadamente frágiles les aconseja mover sus ojos, utilizar cintas de música bilateral, o golpetearse sus rodillas cuando están solos, puede dispararse una respuesta adversa. Pero si lo hacen en presencia de un terapeuta de EMDR calificado, que los guía para ir despacio y suavemente, pueden ir desarrollando gradualmente mayor estabilidad y fuerza del yo, así como mayor claridad para ver los orígenes de sus problemas.

En muchas áreas el mejor consejo es la precaución. Una persona con enfisema o trastornos cardíacos no debería correr carreras de velocidad, pero eso no significa que nadie pueda correr. La precaución no significa exclusión. En algunas instancias, la auto-utilización de la bilateralidad puede permitirte con mayor efectividad estar más relajado, más creativo, más espiritual y más productivo. La precaución está advertida, pero eso no significa que esta maravillosa tecnología deba siempre estar restringida a las cuatro paredes del consultorio de un terapeuta.

Yo utilizo una regla simple: cualquier cosa que no has sido capaz de resolver por ti mismo en un período significativo de tiempo (digamos, unos meses o más), y en especial si hay recurrencia del problema, es algo para lo que necesitas la ayuda de alguien idóneo. Y especialmente, si tienes una historia de desorden bipolar o psicosis, si tienes una historia de trauma desde la niñez, si sufres de una depresión que se arrastra por semanas, de ataques de pánico o de explosiones de furia, o si estás abusando del alcohol o las drogas, tu situación requiere ayuda profesional, no auto-ayuda.

En estas circunstancias, la auto-utilización de cualquier enfoque terapéutico (y en particular EMDR, dados su efectos rápidos y altamente volátiles) está contraindicada, especialmente en tanto que te impide buscar la ayuda apropiada.

ESTIMULACIÓN BILATERAL EN LA VIDA DIARIA

Cuando caminamos, cuando respiramos, cuando hablamos, cuando escuchamos, cuando *vivimos*, estamos siendo estimulados. La estimulación bilateral es una parte **necesaria y** natural de esa estimulación y como tal es relajante, enriquecedora y curativa. El caminante o corredor da pasos con la pierna izquierda seguida por la derecha en un ritmo natural. Oímos sonidos provenientes de diferente direcciones (la música estereofónica es un buen ejemplo, como también lo es una conversación entre amigos). Cuando leemos, movemos nuestros ojos de un lado a otro; cuando vemos televisión, nuestros ojos saltan de imagen en imagen. Todo esto es completamente natural; en verdad, sin esa estimulación regular, nuestro funcionamiento neurofisiológico al principio sufriría y al final colapsaría.

¿Has visto alguna vez a alguien absorto en su pensamiento mover espontáneamente sus ojos? A veces nos damos cuenta de la necesidad de estimulación, y a veces no. Una mujer está lidiando con un problema. Se dirige a la puerta. "¿Adónde vas?" "Voy a **caminar** para pensarlo," responde. Puede creer que la razón por la que camina es para la contemplación solitaria, y ciertamente en parte lo es. Pero en algún nivel corporal ella tiene la comprensión que la estimulación izquierda-derecha de la caminata en sí misma va a ayudarla a hacer conexiones y ganar perspectiva.

"Me gusta leer," dice el hombre de negocios. "Me ayuda a relajarme." Lo que lee puede ser provocativo, excitante, y altamente estimulante, pero el acto físico de leer en sí mismo promueve la relajación, al ir sus ojos de izquierda a derecha, de izquierda a derecha.

La música estereofónica no llega a nuestros dos oídos simultáneamente; una de las razones por la que la encontramos agradable (relajante o estimulante, igual que un libro), nace de su cualidad bilateral. Cuando nadamos, bailamos, hacemos yoga, o andamos en bicicleta, estamos siendo estimulados bilateralmente. Es una parte natural de nosotros y existe por causas de salud.

La practica de EMDR activa **deliberadamente** la estimulación bilateral y la une con un blanco que resuena **por su** recuerdo y significado. Sí, es cierto, desbloquea el trauma y como tal puede dar paso a la incomodidad que uno experimenta como parte del proceso de curación. Y sí, es cierto, como hemos visto, esto puede ser peligroso cuando se hace con la persona equivocada en el momento equivocado. Pero si observas el proceso de EMDR, la etapa final es la instalación de la cognición positiva. Una vez que la negativa se ha resuelto y se ha limpiado, la positiva la reemplaza con mayor facilidad. Y la fuerza que dirige este movimiento, la estimulación bilateral, vino **del propio proceso natural**.

Librada a sus propias recursos (a menos que haya algo que la bloquea), la estimulación bilateral puede ayudarnos a aprehender las cosas más profundamente, especialmente estados de experiencias y creencias positivas. Podemos combinarla con variadas actividades, aplicarla de muchas maneras diferentes. Cómo y cuándo aplicamos concientemente esta herramienta va a hacerla más o menos efectiva, pero siempre está al alcance de nuestras manos.

Mientras estoy escribiendo esto, por ejemplo, estoy escuchando un CD bilateral a través de los auriculares; en realidad he estado utilizando los auriculares mientras escribía todo el libro. La estimulación me ayuda a formular mis ideas con mayor foco y creatividad; incluso me ayuda en el uso del lenguaje. Cuando redacto mis **artículos** profesionales, muchas veces llego a estar frente a mi procesador de texto por ocho horas, oyendo **el** sonido bilateral durante todo el tiempo. Luego de un rato corto, ni siquiera lo registro conscientemente; sólo sé que me ayuda a estar más organizado, más creativo, menos estresado y menos cansado. Cuando me olvido de ponerme los auriculares, el escribir me resulta más arduo y no me gusta tanto el resultado. Siempre utilizo estimulación bilateral para generar ideas. Si me **encuentro con** un bloqueo específico –clínico, personal o creativo- o simplemente algo donde necesito encontrar una salida, me pongo los auriculares y dejo que mi tren de **pensamientos** me lleve a mi propia respuesta óptima. Esto sucede frecuentemente a máxima velocidad. Nuestras mentes, por supuesto, están siempre saltando de un pensamiento al próximo. Esto se llama asociación libre cuando se utiliza como una herramienta de exploración en psicoanálisis; y la estimulación bilateral hace **esto** a máxima velocidad. Con este proceso vienen pensamientos, emociones, experiencias corporales y también insights. Durante la estimulación bilateral, si te preguntas *¿Por qué estoy pensando esto ahora?* por lo general tendrá rápidamente una respuesta que te parece adecuada y puede ser usada de inmediato.

En el psicoanálisis, el objetivo de la libre asociación no es necesariamente llegar al trauma sino explorar los pensamientos casi conscientes del paciente. De manera similar, en EMDR el objetivo es llegar adonde el paciente **nos lleva**: a un punto de curación. Si bien a veces ese punto no puede alcanzarse sin entrar en el trauma, a veces puede alcanzarse a través de pensamientos, recuerdos, sensaciones corporales y sentimientos no traumáticos. Sorprendentemente, no importa que el proceso tenga sentido para el paciente de EMDR; no es esencial que él o ella comprenda lo que está sucediendo en su mente o en su cuerpo. Lo que importa es seguir el sendero rápidamente cambiante, vaya donde vaya; la dirección que toma el paciente lleva adonde él o ella *necesita* ir. Si el sendero lo lleva al trauma, entonces es ahí donde debe ir. Si lo aleja del trauma, eso no es resistencia, simplemente significa que el trauma todavía no debe ser tocado. ¿Retornará eventualmente el camino al trauma y lo recorrerá? Quizás sí, quizás no. Las respuestas pueden estar en distintas vías neuronales, y el terapeuta necesita estar abierto para seguirlo al paciente, sin presunciones ni preconceptos.

La auto-utilización de la técnica EMDR elimina un elemento clave: el terapeuta. No habrá nadie presente para observar, reflexionar, y guiarte mientras te embarcas en tu propia, acelerada libre asociación; nadie que lo discuta contigo. Por esta razón debes mantener **el** proceso **a nivel** básico.

EMDR Y RELAJACIÓN

Los terapeutas de EMDR saben que la estimulación bilateral sin **un** blanco **que active**, generalmente lleva a una respuesta de relajación, de mente y cuerpo. Por lo tanto, al usarla sobre ti mismo, si tu objetivo es la relajación, comienza entonces focalizando en dónde sientes tu cuerpo relajado, o en un pensamiento placentero, o una imagen de un lugar seguro, sereno. Si se presenta algo negativo o disruptivo, suavemente ve si puedes sortearlo redirigiéndote a lo positivo. Si esto no funciona, o si emerge algo perturbador, debes parar inmediatamente y cambiar a una actividad que te distraiga.

Cada noche, cuando voy a la cama, incluso si ya estoy quedándome dormido, aprieto suavemente mis puños, izquierdo y derecho, izquierdo y derecho, parando naturalmente al quedarme dormido. Si me despierto en la mitad de la noche, los mismos movimientos generalmente me llevarán nuevamente al sueño. Durante el día, si surge tensión y no tengo acceso al walkman y a uno de mis CDs, utilizo **también** este modo auto-táctil. Ocasionalmente utilizo movimientos oculares muy lentos, suaves, pero prefiero hacer algo que no afecte mi visión. Cuanto más pasivo el movimiento, menos debo concentrarme en él (y el apretar los puños lleva poca concentración) y más abierto estoy al pensamiento que fluye libremente.

Pero éste es mi propia forma de hacerlo; elige la tuya de acuerdo a tu preferencia personal. Algunas personas (como el hombre de negocios que cité antes), dicen que leer los ayuda a relajarse, pero en ello puede afectarte lo que lees, y el contenido puede influenciar tu respuesta, contrarrestando así el efecto relajante del movimiento ocular.

Muchas personas eligen el movimiento ocular como su tipo de estimulación bilateral favorita. En la auto-utilización, ayuda el elegir un punto en la pared y luego **otro**, alineado horizontalmente ya sea en la pared o en la habitación (una lámpara o un cuadro, por ejemplo). Entonces, manteniendo tu cabeza quieta, lentamente mueve tus ojos desde un **punto** al otro y luego **vuelves** nuevamente al primero, no con movimientos bruscos sino en un movimiento suave, continuo. Puedes realizar el mismo movimiento con tus ojos cerrados, pero algunos encuentran esto más difícil. Con la práctica, cada movimiento debe salir fácilmente; simplemente elige el que te venga mejor. Asegúrate que el movimiento sea lento. En todas las formas de estimulación bilateral, cuánto más rápido realizas la estimulación, más activadora resulta, lo que va en contra de tu objetivo de relajación.

En la auto-utilización de la bilateralidad, las ideas, técnicas y blancos pueden ser utilizados solamente de una manera muy limitada. El padre de un niño pequeño sin problemas emocionales significativos puede utilizarla para calmar al niño a la hora de dormirse o para disipar temores infundados. Los niños, especialmente los más pequeños, son muy receptivos a la estimulación bilateral suave. Si les aprietas suavemente los pies, manos u hombros, masajeándolos de derecha a izquierda, de derecha a izquierda, el niño perturbado tenderá a relajarse. (Realizar lo mismo a tu pareja puede ayudarle a él o a ella a manejar el estrés momentáneo.) Este abordaje no debe ser usado si el niño se opone o **cuando uno intenta** negar sentimientos valederos del niño.

Si estás enojado o preocupado, el apretar de izquierda a derecha tus puños puede ayudar a amortiguar tus sentimientos y llevarte a alcanzar una mejor perspectiva. Una corta caminata conciente de lo que te está preocupando es más efectivo de lo que te imaginas. En una reunión de negocios, apretar o golpetear tus rodillas (bajo la mesa) puede aliviar tu ansiedad por el desempeño y mejorar tu foco y seguridad. Y el sonido bilateral es particularmente efectivo en situaciones estresantes donde puedas llevar un CD o **walkman**: justo antes de una entrevista laboral, una presentación o un juego de tenis, en la sala del dentista, o antes e incluso durante cirugía realizada con anestesia local. Durante el procedimiento, a medida que el sonido bilateral ayuda a la mente y el cuerpo a relajarse, el paciente puede tener menos ansiedad en el cuerpo y cooperar más.

Recientemente, me realicé una cirugía láser correctiva en mis ojos. Siempre sentí mucha ansiedad si cualquier cosa tocaba directamente mis ojos (aunque fuese yo quien me tocaba), por lo que el tema se preveía muy estresante. (Supe luego que tengo una cantidad inusualmente alta de terminaciones nerviosas en mis ojos, lo que prueba que a veces una fobia no está solamente en la mente). El oftalmólogo me ofreció Valium antes de la cirugía, al que me negué. Me llevé un CD bilateral y auriculares, y lo escuché antes, durante y después de la cirugía. El agudo sonido típico del láser, la presión sobre mis ojos, y el olor a quemado a medida que el láser daba forma a mi córnea: cualquiera de ellos por sí solos hubiesen disparado una reacción de pánico en mí. Pero me mantuve totalmente calmo todo el tiempo. (Los párpados se mantienen abiertos con unos ganchos especiales a través de la operación para impedir que parpadees.) Al terminar y retirar por fin los ganchos, el médico y su asistente se maravillaron pues yo era el único paciente que habían tratado cuyos párpados pudieron cerrarse natural y fácilmente. ¡Y sin Valium!

TEMOR A LAS ALTURAS

La auto-estimulación bilateral puede ayudar a controlar fobias puntuales leves, pero no fobias extendidas o trastornos de pánico (donde la ayuda de un terapeuta capacitado es absolutamente necesaria y prudente).

Desde siempre he luchado contra el temor a las alturas, que se hizo particularmente agudo un día en los años ochenta en Seattle, cuando Nina y yo visitamos la Space Needle[12] ("Aguja Espacial"). Acercándonos a ella, luché con la obviamente irracional noción que *este es el día en que va a derrumbarse*. La "Aguja" fue construida allá por 1962, y obviamente estuvo esperando veinte años justo para mi subida a la punta *para desplomarse al suelo*. Yo no iba a ceder a mi miedo, por lo que me obligué a subir, mis rodillas y el estómago temblando y mi cabeza dando vueltas todo el trayecto. Una vez que bajamos, me hubiese puesto de rodillas y besado el suelo si no hubiese habido tanta gente alrededor.

Quince años más tarde estaba visitando Toronto, donde está la Torre CN[13], un edificio mucho más alto que la Space Needle.

---

[12] La "Aguja Espacial" es una enorme torre de metal coronada por un estático platillo volador con mirador panorámico, con ventanas y un balcón que lo rodea.
[13] La Torre Nacional de Canadá (*Canada's National Tower* en inglés), o simplemente Torre CN (*CN Tower* como es conocida internacionalmente) es la estructura no sostenida por cables en tierra firme más alta del mundo, con una

Habiendo aprendido el poder de EMDR, decidí intentarlo como un desafío a mí mismo. Esta vez me puse los auriculares con un CD sonando y mientras esperaba en la fila para el ascensor, miré hacia arriba a ese gigante que se alzaba delante mío. Me vino como una punzada de ansiedad pero se desvaneció tan rápidamente como había aparecido. El ascensor subiendo a toda velocidad no fue ningún problema. En el último nivel tuve otra momentánea sacudida al salir del ascensor, pero me sentí cómodo mientras caminaba alrededor admirando la vista panorámica. Entonces me aproximé a mi prueba de fuego: un área de Plexiglas de alrededor de **tres por seis metros,** desde donde se podía mirar directamente hacia abajo: más de **trescientos cincuenta metros** hasta el suelo.

Aunque el área es absolutamente segura, yo podía ver gente ir hasta el borde y mirar hacia abajo cautelosamente, como si estuviesen al borde de un precipicio. Esto muestra qué órgano milagrosamente complicado es el cerebro: instintivamente recoge las falsas señales de peligro pasando por encima del intelecto. De todos modos, con el sonido desplazándose de un lado a otro **en** mis oídos, yo **estaba** bien. Di un paso y miré hacia abajo sin ningún atisbo de ansiedad. Caminé por el piso invisible unas cuantas veces y luego seguí mi paseo. Solamente alguien que tenga la misma fobia podrá apreciar el significado de mi victoria.

Mientras recorría la torre, surgió un recuerdo. Yo tenía seis años y estaba en París, donde mis padres nos habían llevado a mí y a mi hermana a la punta de la Torre Eiffel. El viento soplaba muy fuerte, las barandas eran bajas (desde entonces han encerrado el nivel superior) y yo estaba aterrorizado de que el viento me arrastrase. La estimulación bilateral que me apliqué en la Torre CN no solamente había calmado mi ansiedad sino evocado el recuerdo que probablemente había sido el origen de mi fobia. Cuando volví a la Torre Eiffel con Jonathan hace dos años, subimos dos tercios del trayecto por escalera (hubiésemos subido hasta arriba pero las escaleras estaban cerradas allí) por escalones de enrejado de hierro, a través de los cuales se podía ver hasta

---

altura de 553.33 metros. Cuenta con un observatorio (el más alto del mundo también), el *Piso de Observación Principal,* donde se encuentran el *Piso de Vidrio* y la *Plataforma de Observación Exterior.*

abajo. No sentí miedo. Uno raramente tiene la oportunidad de retornar a la fuente infantil de una fobia para completar el proceso de dejarla ir. Fue una gran experiencia.

TEMOR ESCÉNICO Y ANSIEDAD FRENTE A LA PRUEBA DE ACTUACIÓN

Para algunos actores, el origen del temor escénico se remonta a **un** trauma en la niñez temprana. Estar sobre el escenario es como ser observado por un padre intrusivo, hipercrítico, quizás físicamente abusivo. Es por ello que el reconocimiento y reprocesamiento emocional y neurofisiológico del trauma son esenciales para sobreponerse a este temor por momentos paralizante. La utilización de la **auto-estimulación bilateral** no está recomendada en situaciones tan severas; estos actores necesitan trabajar con un terapeuta entrenado.

Para otros actores, la causa no es tan severa. Por ejemplo, algunos pueden haber sido humillados por un maestro o sus compañeros de escuela cuando trataron de dar un discurso o se equivocaron en una respuesta.

La estimulación bilateral usualmente produce por lo menos una mínima reducción de ansiedad. Pero no es realista tratar de alcanzar por uno mismo la resolución completa del miedo escénico. Esperar eso es armar una situación de fracaso. Lo que he encontrado en mi trabajo con actores es que si escuchan sonido bilateral hasta el momento de la representación, la ansiedad podrá estar presente pero usualmente llegará a un techo y de a poco bajará por sí sola.

Mi consejo a los actores y los oradores públicos con miedo escénico es el siguiente. Vaya a unas pocas sesiones con un terapeuta EMDR para ver si el temor tiene alguna causa profunda. Si no lo tiene o si se descubre un trauma relevante y se lo procesa, entonces escuche sonido bilateral estando solo por lo menos durante quince minutos, justo antes de subir a escena. Cuando esté en plena actuación, puede sutilmente utilizar ahí sobre la escena el apriete sucesivo de puños. Su temor probablemente va a disminuir, si es que no desaparece totalmente. Si descubre que sus problemas son más complejos, entonces debe decidir si vale para usted invertir en un tratamiento a largo término con EMDR.

Mi credo es "Cuanto más relajado mejor", y por ello, justo

antes de hacer una presentación, escucho sonido bilateral mientras repaso mis anotaciones. De hecho, estoy experimentando tanto aumento de relajación como aumento de creatividad. Nuevas ideas siempre parecen venirme durante este proceso, y cuando me levanto para hablar, estoy en foco. Excitado, si; adrenalizado, no. No puedo esperar para comenzar, porque quiero exponer mis nuevas ideas. Mientras hablo, muchas veces entro en un estado de fluir, donde las palabras parecen emerger por sí mismas; de todas maneras, estoy muy presente y conciente que lo que estoy diciendo es lo que mejor representa mis ideas en ese momento. Estoy simultáneamente en piloto automático y en cuidadoso control del vuelo.

Esta es, para mí, la esencia del desempeño óptimo. Y hasta el desempeño óptimo puede ser mejorado. Una de las razones por las que Tiger Woods es un gran campeón, por ejemplo, es porque siempre está buscando maneras para mejorar. Un amigo mío golfista me preguntó si yo creía que EMDR lo podía ayudar. Yo estaba seguro que sí y se lo dije directamente. Mi amigo estaba jugando bien, pero tenía algunos puntos vulnerables en su juego, especialmente el apurar su swing cuando se sentía nervioso. Hice que imaginase las situaciones donde ello solía suceder, y se dio cuenta que sucedía principalmente en el hoyo uno ó el dos, antes de que su juego se asentara. Cuando procesó esto con EMDR, espontáneamente se vio haciendo una respiración profunda y lentificando su swing.

En verdad, con los golfistas utilizo un abordaje doble. Les hago utilizar los auriculares quince a treinta minutos antes del primer tee[14]. También los aliento a **usarlo** el tiempo **mientras se dirige** a cada hoyo. Les digo que tomen conciencia de lo que estén pensando, sea positivo o negativo. Si es negativo, hago que "se lo saquen caminando" y si es positivo les digo que "lo afiancen caminando". Si el golfista logra un buen golpe, lo guío a que mientras camina visualice cómo se veía y recuerde cómo lo sentía en su cuerpo. Pero si es un hook[15] o un slice[16], le digo que utilice el

---

[14] Área de césped muy raso desde la cual se juega el primer golpe de cada hoyo. También los clavos de plástico o madera sobre los que se coloca la bola para lanzarla.

caminar para dejar ir los pensamientos, sentimientos e imágenes negativos. La oportunidad de caminar del golf provee una estimulación bilateral sostenida natural; en otros deportes, la bilateralidad debe ser activada más intencionalmente.

AUTO-EMDR Y AUTO CUESTIONAMIENTO

Si tienes una depresión profunda, persistente o aguda, solamente el trabajo intensivo con un terapeuta puede ayudarte. Pero si te sientes no tan bien como de costumbre, o algo insistente que no puedes identificar te está molestando, entonces la utilización de la **estimulación** bilateralidad puede ayudarte. Utilizando estimulación izquierda-derecha enfoca en lo estás sintiendo y dónde lo estás sintiendo en tu cuerpo. Continuando la estimulación, **hazte** a ti mismo esta pregunta directa *¿Por qué me está molestando esto ahora?*

Tus respuestas verdaderas se encuentran sólo dentro de ti mismo, y si estás dispuesto a confiar y seguir hacia donde tu mente te lleve, llegará una respuesta. No te sorprendas si llega rápidamente. Cuánto más utilices esta técnica más te acostumbrarás a ella y te convertirás en un adepto. En verdad, la técnica puede ser utilizada para aliviar una cantidad de formas menores de desasosiego psicológico: ansiedad difusa, por ejemplo, y un sentimiento generalizado que algo está físicamente mal aunque no esté localizado. Si te preguntas *¿Qué es lo que realmente me está molestando ahora?*, la respuesta puede aparecer de golpe en tu cabeza: *Estoy molesto por la manera en que me trató mi jefe esta mañana.* Si tu mente va rápidamente a la respuesta, probablemente sea la verdad, aunque pueda parecer que se relaciona poco con tu situación actual. Y si sigues, puede decirte más, o quizás tomar otro rumbo, ampliando el alcance de tu interrogación personal. En las sesiones de terapia, cuando una persona me hace una pregunta, muchas veces le digo que se haga la misma pregunta a sí misma. Lo que estoy describiendo aquí es más o menos el mismo proceso, aunque tú mismo eres simultáneamente el guía y el guiado. Siempre recuerda la advertencia: al primer signo de

---

[15] Efecto que se le pone a la bola en el aire hacia la izquierda

[16] Golpe con efecto a la derecha

perturbación excesiva, interrumpe el proceso inmediatamente y encuentra otra actividad que distraiga tu atención.

EMDR Y APRENDIZAJE

Los padres cuyos hijos utilizan sonido bilateral cuando estudian me han dicho que éstos tienden a concentrarse mejor y retienen más de lo que han leído. Esta conclusión no está basada en investigaciones rigurosas, sólo en la observación de niños, así como de sus propios comentarios. Sólo podemos especular sobre el por qué esto ocurre, y no está garantizado que sea efectivo en cada caso, pero en mi experiencia, los resultados son muchas veces asombrosos.

Yo trabajo con muchos adolescentes y adultos jóvenes que están enfrentando el SAT[17], MCAT[18] o LSAT[19]; con estudiantes universitarios que estudian para sus finales, e incluso con egresados de abogacía preparándose para el examen habilitante. La estimulación bilateral ayuda a focalizar la mente mientras la hace más libre para digerir la información pertinente; parecería limpiar la basura. Incluso ante una pregunta de múltiple opción, apretar las manos izquierda y derecha, izquierda y derecha, usualmente va a ayudarte a elegir entre las opciones. Puede ayudar a superar bloqueos en preguntas fáciles, dejándote organizar tus pensamientos con mayor claridad. Utilizar auriculares antes de un examen reducirá la ansiedad, de la misma manera que si estuvieses en un escenario. Nuevamente: se trata de establecer conexiones.

Si en mi trabajo estimo que a alguien, por su historia, ese abordaje le está contraindicado,(si hay una historia de trauma infantil o clara manifestación de disociación) le aconsejo entonces al paciente que se mantenga alejado de la auto-utilización antes de un examen (y de hecho, en todo otro momento). Pero para todos

---

[17] Scholastic Aptitude Test, es un examen para estudiantes que quieren entrar a la Universidad

[18] Medical College Admissions Test, es un examen para ser admitido en la carrera de

[19] Law School Admissions Test, es un examen para ser admitido en la carrera de abogacía

los demás, sin embargo, sus efectos pueden ser muy buenos.

EMDR Y DOLOR

Los síndromes del dolor tienden a ser exacerbados por el estrés; el dolor permanente es en sí mismo una fuente de estrés. La estimulación izquierda-derecha puede muchas veces aliviar el dolor, particularmente cuando está relacionado con estrés. Pero procede con cautela: el dolor es la señal del cuerpo de que algo anda mal, una señal que debe ser escuchada y examinada médicamente a fondo. Si el dolor proviene del fuerte arraigue de un recuerdo traumático, la estimulación bilateral puede ser una herramienta disruptiva. Pero para dolores menores, como tensión muscular, dolores de espalda leves y otros similares, aplicaciones suaves, lentas, de estimulación bilateral pueden ayudar, especialmente cuando se asocian con pensamientos positivos e imágenes tranquilizadoras. Trata de localizar lugares en tu cuerpo libres de dolor, y el color que imaginas que le corresponde. Activa estimulación bilateral lenta y suave, y observa hacia dónde van tus pensamientos. Vuelve periódicamente a chequear dónde te estás sintiendo ahora cómodo en tu cuerpo, imagina el color que acompaña la sensación positiva y continúa con la estimulación bilateral. La misma técnica puede ser utilizada ante el malestar emocional. Focaliza primero en tus pensamientos y sentimientos positivos, las cosas buenas en tu vida, y envuelve el área dolida con ellos; emocional y físicamente cubre lo incomodo con lo confortable. Ver **uno y otro** puede activar una perspectiva más optimista. La auto-estimulación bilateral ayuda a hacer conexiones, eliminar bloqueos, optimizar el desempeño y aumentar la creatividad, y aliviar dolores y ansiedad menores. Puedes utilizarla para sentirte emocionalmente –e incluso espiritualmente- más relajado; algunas personas a menudo utilizan estimulación bilateral al rezar o meditar. La estimulación izquierda-derecha es parte de nuestro sistema neurofisiológico que tiene un efecto directo en cómo nos sentimos en nuestra mente, en nuestro cuerpo y en nuestra alma. Es un proceso completamente natural. Debe ser **aplicado** con conciencia y cautela, pero en **ello** se encuentra libertad, posibilidad y esperanza.

Capítulo 15: Mirar hacia adelante

Hasta acá, los terapeutas de EMDR hemos recorrido un corto camino; pero ya hemos logrado maravillas. La semilla de una idea que Francine Shapiro plantó en 1987, y eventualmente devino en EMDR, ha crecido, transformándose en un árbol de cuarenta mil ramas, los terapeutas EMDR y con millones de bellotas, aquéllos que han sido ayudados por esta extraordinaria herramienta de nombre difícil: Desensibilización y Reprocesamiento por medio del Movimiento Ocular.

He utilizado las técnicas EMDR durante ocho años, las he ampliado a mi manera, las he visto sanar traumas tanto recientes como enterrados desde hacía mucho y he visto ocurrir cambios positivos no sólo en individuos sino también en comunidades y naciones. Sin embargo, sé que estamos sólo en el comienzo y que a medida que mejore nuestro dominio del método, lograremos una rapidez y profundidad de sanación que no ha sido soñada jamás. EMDR es el centro neurálgico de una rueda clínica cuyos rayos son las orientaciones terapéuticas más relevantes: psicoanálisis, gestalt, centrada en el paciente, orientada al cuerpo y terapias cognitivas-conductuales. Todo trata sobre conexiones: sana aquéllas que están rotas y construye las que no existían previamente. Trabaja para activar e integrar sistémicamente cuerpo, mente, pensamiento, emoción y espíritu. Y crecerá y cambiará, no en sus principios básicos, sino a medida que aumente nuestro conocimiento del cuerpo, del cerebro, del espíritu y de sus interconexiones.

La filosofía que subyace en el tratamiento EMDR es que el cambio emocional es posible y que la curación individual puede lograrse rápida y profundamente. En el trabajo con EMDR el terapeuta y el paciente abren y atraviesan juntos una puerta a la psiquis. Ninguno de los dos sabe qué los aguarda más adelante; la habitación en la que entren será nueva para cada uno de ellos, llena de lo inesperado. Y esa habitación misma, una vez explorada, abre otras incontables puertas a otras incontables habitaciones, todas para ser investigadas hasta que el paciente se integra sistémicamente y el terapeuta, también enriquecido, ve más profundamente dentro de sí y puede utilizar ese conocimiento en su propia vida y en su misión de ayudar a otros.

LOS MISTERIOS PERMANECEN

Ya hemos llegado lejos, pero debemos ir más lejos aún. El cerebro, a pesar de los grandes avances en comprensión que nos ha dado la neurología a través de la investigación y de los mecanismos de escaneo, permanece misterioso y hasta que esos misterios se resuelvan, no podremos comprender completamente cómo trabaja EMDR, ni podremos demostrar completamente los mecanismos que producen sus asombrosos resultados. Como he comentado, tres colegas y yo hemos estado utilizando un escáner MRI (de imágenes de resonancia magnética) para asomarnos a los cerebros de los pacientes con TEPT mientras están recibiendo EMDR. Hemos observado mayor actividad en el cerebro derecho al comienzo y mayor actividad bilateral hacia el final del tratamiento, pero nuestra investigación está todavía en el jardín de infantes; aún no hemos aprendido a "leer".

Aún así, impresionantes avances se suceden en nuestra comprensión de las interacciones entre el cuerpo y el cerebro, el sistema humano entero, que van a prevenir y curar los traumas corporales y emocionales. En efecto, cuánto más entendamos cómo las experiencias de vida afectan al cerebro, más capaces seremos de sanar sus heridas y los síntomas que las acompañan. Dentro de diez años, seremos capaces de sanar los efectos del trauma más eficiente y previsiblemente que en la actualidad; el monitoreo de las funciones cerebrales durante la terapia (utilizando mecanismos de escaneo cada día más sofisticados) será parte del proceso.

EMDR se integrará con otros métodos avanzados que trabajan sistémicamente en la sanación del trauma. Por ejemplo, Experiencia Somática (ES), (basada en el concepto que los animales cazados no desarrollan TEPT porque son capaces de deshacerse de los efectos del peligro pasado), focaliza en ayudar al cuerpo del paciente, congelado por el trauma, a atender a la sensación y el movimiento en el proceso de liberación de la experiencia traumática atrapada en el cuerpo. Aunque no fomenta las conexiones directas entre pensamiento y emoción que son cruciales a EMDR, mucho se puede aprender de ella, especialmente en la focalización de las sensaciones positivas.

De manera similar, la Terapia del Campo del Pensamiento (TFT) puede ser combinada con EMDR en una terapia nueva, más versátil. Sintetiza kinesiología aplicada con el enfoque oriental de la corriente de energía (*chi* o *prana*) y utiliza el tocar o el golpeteo secuencial en puntos de acupuntura para generar la liberación de energía a través de las líneas meridianas. Vale la pena explorarlo.

En psicoterapia, al igual que en medicina, la sabiduría ancestral merece nuestro respeto y estudio. Porque hay muchos tipos de abordajes para sanar la psiquis humana, de la misma manera que los hay para sanar el cuerpo. Los pueblos originarios de Norteamérica, por ejemplo, al igual que los de Sudamérica, África y Asia, trabajan con tambores, sonidos y cánticos, muchos de los cuales involucran estimulación bilateral. Los investigadores, incluyéndome, están ahora mismo estudiando los efectos del sonido en el proceso de curación. En este nuevo siglo, las viejas técnicas de curación y las de la new age continuarán integrándose.

EL FUTURO DE EMDR

He mostrado que los procedimientos de EMDR pueden ser efectivos en áreas fuera de la de curación del trauma. Si hoy puede remover bloqueos en el aprendizaje, desempeño y creatividad, así como darle aún mayor realce a aquéllos que ya están en la cima de su actividad, ¡imagínese lo que las próximas décadas nos traerán! Con la aceptación generalizada de la capacidad de la estimulación bilateral para desbloquear y realzar, los atletas no tendrán que soportar desánimos prolongados y los bloqueos creativos paralizantes podrán convertirse en recuerdos borrosos para escritores, actores y pintores. Los estudiantes, utilizando auriculares con sonido bilateral para realizar sus tareas o incluso cuando rinden exámenes, podrán encontrar que retienen mejor sus datos y que sus interpretaciones de esos datos se vuelven más claras y más organizadas.

Quizás incluso nuestros sistemas políticos puedan cambiar, como así también el frío objetivo de lucro en los negocios pueda convertirse en un beneficio para todos. La enfermedad, el hambre, la guerra, el abuso, el odio racial y de clases no son permanentes. La cuestión ya no es tanto si es posible el cambio, sino cómo y cuándo. ¿Acaso creo que todos los problemas del mundo pueden y van a ser solucionados? Por supuesto que no. Ni tampoco creo que podemos sanar los traumas que afectan a nuestras sociedades exclusivamente a través del uso de EMDR. Pero EMDR me ha enseñado que las cosas pueden cambiar hasta un grado que nunca creí posible. Si puede cambiar a un individuo, integrando los sistemas que nos hacen un todo, entonces extender esta visión entre vecinos y naciones no es un salto tan grande. Ya, en Bed-Stuy y Belfast hemos comenzado.

Una experiencia emocional positiva sana la mente, el cuerpo y el alma: todos son aspectos del yo integrado. Para mí, recibir y dar EMDR ha impulsado la progresión natural desde mi propia curación, a sanar a otros, hasta desear que la curación se expanda a través del globo. Ningún otro abordaje de salud mental ha fomentado directamente este proceso, aunque algunos terapeutas se han unido para extender la idea de conciencia social a una esfera más amplia. Pero hasta donde yo sé, la curación individual nunca ha sido tan directamente integrada a un enfoque terapéutico universal, hasta que Francine Shapiro reconoció las posibilidades de EMDR y las puso en práctica en lugares como la ciudad de Oklahoma. La curación del trauma, individual o nacional, significa romper el ciclo de violencia (y la perpetuación del trauma) aumentando el ciclo de sanación. Es un flujo natural.

El pasto se abre paso de alguna manera a través de las grietas del cemento de las aceras. Las cosas no tienen por qué permanecer como están. La gente no tiene que vivir con síntomas de TEPT que agobian sus vidas emocionales, físicas o familiares; miren no mas a los cientos de maquinistas de ferrocarril de la Long Island Rail Road que han sido llevados nuevamente a su plenitud sanándose a través de EMDR. Y si hay cientos y miles de ellos, entonces ¿por qué no cientos de miles?, ¿por qué no millones? Podemos utilizar EMDR para ayudar a sanar al mundo. Una fantasía grandiosa, pero loable.

Durante las últimas semanas, Bart, un hombre de cincuenta años, vino a tratarse por traumas resultantes de una serie de percances que le ocurrieron en los últimos cinco años. Había estado en el derrumbe de un edificio; se salvó por muy poco cuando su automóvil estalló en llamas; fue arrestado por equivocación (y rápidamente liberado) acusado de robar en un negocio de bebidas alcohólicas y quedó bajo los escombros cuando estalló la bomba en la ciudad de Oklahoma. Respondió tan bien a EMDR, que tomó la costumbre de escuchar mi CD bilateral durante sus caminatas por Manhattan. Una mañana miró hacia arriba y vio a un hombre saltando del techo de un edificio de quince pisos. Mientras otros testigos gritaban horrorizados, él pensó *Qué desesperado debe estar para quitarse la vida.*

El suicida cayó sobre un auto a siete metros de Bart y los demás observadores. Mientras Bart estaba triste y filosófico, otros entraron en crisis. Cuando llegó a mi consultorio, pudo relatar el incidente con la debida pena pero sin signo de trauma. Me di cuenta que era la primera vez que yo tenía conocimiento de una persona que procesara un trauma mientras lo veía suceder. Y cuando se fue, pensé *¿Por qué no otros?* ¿Por qué no usar EMDR como prevención además de como cura? Esta es un área de enormes posibilidades.

En cuanto a mí, ahora raramente "me ahogo" con mis propias emociones y oportunidades y cuando me sucede me doy cuenta. La mayor parte del tiempo me siento claro interiormente, consciente de mi propósito. Y muchas veces oigo la voz de Bob Marley que cruzó por mi cabeza durante mi primera experiencia con EMDR, cantando:

> *Emancípate de la esclavitud mental.*
> *Nadie sino nosotros mismos puede liberar nuestra mente.*

RECURSOS

Las derivaciones a terapeutas que usan EMDR pueden requerirse en EMDR Iberoamérica (la rama de capacitación. Actualmente hay más de 100.000 terapeutas en el mundo entrenados en EMDR. Pueden encontrarse en todos los cincuenta estados de los Estados Unidos y en todos los continentes.

Por favor tenga en cuenta que el nivel de competencia en el uso del método varía entre los terapeutas de EMDR. El entrenamiento de EMDR comprende dos secciones: Parte 1 y Parte 2 y exige más 10 horas de supervisión de casos. De ser posible, elija un clínico que haya completado ambos. (En Brasil se hace en tres módulos e incluyen las horas de supervisión). Averigüe cuándo ha completado el terapeuta su entrenamiento y cuánto lo utiliza habitualmente en su práctica. Los Terapeutas Certificados y Terapeutas Supervisores suelen ser personas con estudios adicionales de EMDR. Es conveniente, también, consultar con alguien que era ya un terapeuta experimentado y bien entrenado antes de aprender EMDR. Los buenos terapeutas EMDR son iguales a los demás terapeutas: son buenos oyentes y son sensibles, respetuosos y seguros.

EMDR IBEROAMERICA (EMDR IBA)
www.emdriberoamerica.org
E-mail: info@emdriberoamerica.org
Hay páginas que refieren a cada país donde hay representación en Iberoamérica.
Para el público de habla portuguesa:
www.emdrbrasil.com.br o www.emdrportugal.com

EMDR Institute, Inc.
P.O. Box 750
Watsonville, CA 95077 – EE.UU.
Teléfono: 01 (831) 761-1040
Fax: 01 (831) 761-1204
Mail: inst@emdr.com
Sitio web: **www.emdr.com**

Asociación Internacional de EMDR – EMDRIA
P.O.Box 141925
Austin, TX 78714-1925 – EE.UU.
Teléfono: 01(512) 451-5200
Fax: 01 (512) 541-5256
Sitio web: **www.emdria.org**

EMDR Humanitarian Assistance Program - HAP
2911 Dixwell Avenue, Ste. 201
Hamden, CT 06518
Phone: (203) 288-4450
Fax: (203) 288-4060
www.emdrhap.org

Para información sobre los Productos de Sonido Biolateral (downloads e CDs con sonido bilateral, entrar al sitio web: **www.biolateral.com**

DATOS DEL AUTOR

David Grand Ph. D. ejerce su práctica privada de psicoterapia y mejoramiento del desempeño en Manhattan y en Long Island, Nueva York. Ha dado innumerables clases y conferencias sobre EMDR tanto en su país como en el extranjero y ha sido entrevistado en el programa de radio NBC Extra, en el *New York Times*, el *Washington Post* y *Newsday*. Es facilitador y expositor especializado del EMDR Institute. Posee un doctorado en Trabajo Social Clínico (Desarrollo Humano) de la International University y un Certificado en Psicoterapia Psicoanalítica de la Society for Psychoanalytic Study and Research (*Sociedad para el Estudio e Investigación en Psicoanálisis*) de Long Island.

El Dr. Grand ha enseñado trabajo escénico en el New Actors Workshop en Nueva York y realiza, en forma privada, preparación actoral para actores de teatro, cine y televisión. Ha presentado casos en talleres sobre *Preparación Actoral con EMDR* en Los Angeles, Miami y Nueva York y ha ayudado a atletas profesionales y de elite con técnicas EMDR para el mejoramiento del desempeño.

Es autor de la obra "I WITNESS"[20], sobre sus experiencias en el tratamiento de cientos de sobrevivientes del 11 de septiembre. La obra ha sido presentada en distintas ciudades como Nueva York, Los Angeles y también en Buenos Aires .

Ha desarrollado y producido la tecnología innovadora de BioLateral Sound Recordings, utilizada por miles de terapeutas para facilitar la sanación a través del uso del sonido bilateral relajador. También ha formado parte de un equipo de investigación en Imágenes de Resonancia Magnética que estudió los efectos de EMDR sobre la función cerebral.

El Dr. Grand es ex-Presidente del Programa de Asistencia Humanitaria con EMDR – HAP. En ese carácter ha coordinado entrenamientos gratuitos para terapeutas en Irlanda del Norte y coordinó también los Entrenamientos de HAP para Barrios Urbanos Carenciados en Long Island y Brooklyn, Nueva York.

---

[20] NT: El título significa literalmente "Yo Atestiguo" (I Witness) y en inglés, hace un juego de palabras con el significado "Testigo ocular" (Eye Witness)

www.ingramcontent.com/pod-product-compliance
Lightning Source LLC
Chambersburg PA
CBHW020610270326
41927CB00005B/269